ブッダが死ぬ前に繰り返し説いた

悩みに強くなる考え方

真言宗法恩院住職
鳥沢廣栄
Torizawa Koei

彩図社

はじめに

突然ですが、あなたはどんなときに悩みますか？

恋愛がうまくいかなくて悩む、会社や学校での人間関係に悩む、収入が少なくて悩む、欲しいものが手に入らなくて悩む、子育てがうまくいかなくて悩む……。

悩む理由は人によっていろいろあります。こんなに悩みばかり抱える自分が嫌だと思う方もいることでしょう。

そんな苦しみをなんとかしたいと、私のお寺には、いろいろな方が相談にいらっしゃいます。

「どうすればこんなことで悩まずに生きることができますか」

しかし、はっきり言って悩まずに生きることなど不可能です。悩みとは人間であれば誰もが抱える、たいへん根源的なものです。

そんな冷たいことを、と思われるかもしれませんが、仏教では、悩みそのものを否定するような考え方はしません。苦しみのなかでその解決策を見つける。都合のいい夢想によって現実から逃れるのではなく、現実的な解決策を模索する。それがお釈迦《しゃか》様が説いた教えなのです。

悩みを抱えたのは、お釈迦様も同じでした。お釈迦様も私たちと同じように人生に悩み、その解決法がないかを考え抜いて覚りを得ました。そしてその方法を実践することで、悩みを自分自身で解決できるようになったのです。

本書では、その悩みに強くなるための方法を『涅槃経《ねはんぎょう》』というお経をベースに考えていきます。

『涅槃経』とは、お釈迦様が大涅槃に入る前、つまりは亡くなる前の様子を描いたお経です。大きく分けて初期経典の『涅槃経』と大乗《だいじょう》経典の『涅槃経』がありますが、本書では両方の要素をもとに、悩みと向き合っていきたいと思います。

なぜ『涅槃経』なのでしょう。それは、死を間近にしたお釈迦様が、ご自身の生涯の集大成を弟子たちに語っているからです。お釈迦様の弟子といえども、まだ覚りを開いていない者もいました。自分はこの先どうすればいいのか、不安に思う者は一人や二人ではありませんでした。

そんな弟子たちに、お釈迦様はこれまで弟子たちに伝えてきたことを、わかりやすく丁寧に教えます。しかも大乗経典の『涅槃経』では、真の覚りの境地を説き、経典類で初めて「誰でも覚りを得ることができる」、「ずっと安楽を得られる」と説いています。

これは、当時としては画期的なことでした。仏教の初期経典に対し、全く反対の立場を述べた経典と言えます。反対の立場と聞くと訝《いぶか》しむ方もいるかもしれませんが、在家の信者が自分の力で覚りの境地に至ることを肯定的に捉えているという点で、中国や日本の仏教に多大な影響を与えた考え方です。

つまり、『涅槃経』は伝統的な仏教の教えを説きつつ、全く逆の方向から教えを説くという、一方向の考え方ではなく、多方向から教えを説いているのです。

なんだか難しそう、と思う方もいるかもしれませんが、大丈夫です。本書でお伝えしたいのは、「自分の悩みを自分で解決できるような考え方を持つにはどうすればいいのか」

ということ。お釈迦様が死ぬ前に繰り返し説いた教えには、そのためのヒントがたくさんつまっていますので、最後までお読みいただき自分なりに消化していただければ、悩みに対する耐性をつけることができるはずです。

価値観が多様化し、多くの困難に見舞われる現代だからこそ、お釈迦様の教えは、多くの人々の心を捉えているのだと思います。とくに『涅槃経』は、お釈迦様の教えの集大成であると同時に、現実を肯定し、前向きに生きるための要素が表れています。本書でその魅力を少しでもお伝えすることができれば、筆者としてはうれしい限りです。

ブッダが死ぬ前に繰り返し説いた

悩みに強くなる考え方

目次

第二章 ブッダが悩みを克服した方法

第三章　自己改革の助けになる仏の教え

第四章　仏教的肯定感を身につける

第五章 悩みに負けない思考法

第一章
悩みとの正しい向き合い方

悩みとは何か？

悩みは尽きない

心配ないとわかっているのに、すぐに不安になる。

悩みばかりかかえる自分が嫌だ。

人に相談しようにも、うまく言葉にできない。

特に不満はないけれどなんとなく将来が不安。

そんな思いを抱いたことはありませんか？　私のもとに相談にくる方々は、よくそんな悩みを打ち明けます。他人からすれば大したことのないような悩みでも、自分にとっては大ごとです。「悩んだって仕方がないよ」と友人に言われても、「はいそうですね」と納得できるほど、人間は簡単にはできていません。

しかも、悩みというのは尽きることがなく、年齢を経ても次から次へと湧いて出てくるものです。消せる方法があるのなら、それを知りたいと思うのは当然でしょう。

本書を手に取られた方は、そうした湧き出る悩みを消したいと思っている方が多いと思います。仏教の教えに基づき、一切の悩みを消し去る。確かに、それができれば苦しい思いをしなくて済むので、大変理想的です。

しかし、誤解を恐れずに言えば、悩みとは消そうと思って消せるものではありません。むしろ極端な話、悩みを消しさろうとしても、それは無駄なことなのです。

こんな風に書くと、そんなことを言われたら元も子もないではないか、と困惑するかもしれません。仏教は煩悩を消し去ることを目指すのに、悩みは消えないとはどういうことか、と。

しかし、現実的に考えてみてください。仮に一つの悩みを解消したとしても、また次の悩みが生まれます。その日の気分や状態によって、悩みの中身は変わってきます。状態によっては、消えたと思った悩みでも、再び脳裏に浮かぶこともあるでしょう。

その感情を否定して「自分は仏教的な考え方をしているからこれは悩みではない」と自

己暗示しても、なんの解決にもなりません。無理にその悩みを見ようとしないで、消えてくれたらと願っても、悩みは消えるものではないのです。

お釈迦様は悩み多き人だから覚れた

しかし、悩みを抱くということは、人間であればごく自然なことであり、決して心配すべきことではありません。

仏教の開祖であるお釈迦様も、悩み多き人でした。立派な人物だというイメージが強いお釈迦様ですが、その青春時代は、私たち以上に悩みだらけだったと言っても過言ではないでしょう。

お釈迦様が王子だったころ、お釈迦様は「人はなぜ生まれ、なぜ老い、なぜ病に罹り、なぜ死んでいくのか」ということを悩みました。あるときは、その悩みをじっくり考え瞑想することもありました。

またあるときは、その悩みを忘れようとして酒を飲み、快楽に逃げたこともありました。王子の座を捨ててからは、苦行によって悩みの答えを得ようとしました。

しかし、いずれもお釈迦様に答えを与えてはくれませんでした。そこでお釈迦様は、苦しいだけで何の成果も出ない苦行を止め、瞑想することに専念します。今まで生きてきた流れを振り返り、さまざまな出来事を考察していったわけです。そうして深い瞑想に入った後、お釈迦様は覚りを得たのです。

お釈迦様が得た覚りがどういうものかは後述しますが、大事なことは、「人はなぜ生まれ、なぜ老い、なぜ病に罹り、なぜ死んでいくのか」ということを悩んだ結果、お釈迦様は覚りを得られたということです。

もし、お釈迦様が、悩みを抱えなければ、覚りは得られなかったでしょう。つまり、悩みが覚りを生んだわけです。

悩むことはいいこと

人は悩みがなければ、進歩しないものです。悩み、苦しむことによって、人はその悩みを解決しようと考えるようになります。考えることによって、人は成長していくのです。

何の悩みもないという人は、それはそれで幸せなのかもしれません。しかし、悩みに苦しまないという人は、他人の苦しみや痛み、哀しみに鈍い人になりやすいのではないでしょうか。自分が苦しんだことがなければ、他人の痛みはよく理解できません。

世の中を観察してみてください。偉大な功績を残した人、素晴らしい発見をした人、世間から尊敬されるような人……そうした人は、皆多くの悩みや疑問を抱えてきた人でしょう。

なぜ？　どうしてうまくいかないのか？　そうした悩みや疑問を抱え、それに向き合ったからこそ、偉大な結果を手に入れることができたのです。

どんな人でも、悩みがなければ成長することはできません。ですから、悩みがあるということは、すごくいいことなのです。問題は、悩みを抱えることではなく、「悩み方」にあるのです。

悩み方が悪い

悩み方が悪いといわれても、ピンとこないかもしれません。悩むのに方法なんかないだろうと思う方もいるでしょう。しかし、そうではないのです。

悩みを抱えると、いつもそのことに囚われ、悶々としやすくなります。思い出してみてください。悩みを抱えていると、絶えず考え事をしていたり、落ち込んで考えがまとまらなかったり、という状態になりやすくないでしょうか。

そのような状態だと、仕事やテストで失敗したり、人間関係で不用意な言動を行ったりと、悪循環に陥りやすくなります。すると、また悩みを抱え、落ち込んでしまうのです。そのうちに、今の状況を恨んだり、嘆いたり、愚痴ったり、クヨクヨしたりするだけで、少しも悩み事が解決しなくなります。

このような悩みの悪循環は、悪い悩み方なのです。少しも悩みが解決することなく、ただただ恨み言や愚痴を言って悩み続ける。そこから抜け出ることなく、悩みを抱えたまま、悶々と過ごす……。そのうちに何に悩んでいたかもわからなくなり、最悪の場合は自己嫌悪で社会との交流を断ってしまうこともあります。

では、悩みに対し、どのように対峙していけばいいのでしょうか？　それをお釈迦様の最期を説いた『涅槃経』を参考に考えてみましょう。

現実を受け入れる

『涅槃経』とは

『涅槃経』は、お釈迦様の最晩年の様子を説いたお経です。お釈迦様が、当時のインドの大国マガダ国の霊鷲山《りょうじゅせん》を旅立ち、クシナガラで大涅槃に入り（亡くなる）、葬儀を終えるまでを描いています。

この旅は、お釈迦様最後の旅で、死を予感したお釈迦様が故郷のカピラヴァストゥに向かって旅をしたのではないかと言われています。お釈迦様であっても、自分に死が近づいたことを知り、故郷に戻ってみたくなったのかもしれません。

もっともそのころ、お釈迦様の生まれ育ったカピラヴァストゥの城は、なくなっていました。もう一つの大国コーサラ国によってお釈迦様の故郷は滅ぼされており、釈迦族は滅亡していたのです。それでも、その現実を目の当たりにしたかったのか、お釈迦様は故郷を目指した旅を、高齢にもかかわらず始めたのです。

そう、そのとき、お釈迦様は高齢でした。80歳であったと言われています。約2500年前の80歳で、しかも徒歩での旅です。困難を極めたに違いありません。

そんな状態であればこそ、お釈迦様は当然死を意識していたでしょう。お経のなかにはお釈迦様の超人的なエピソードを紹介するものもありますが、死に直面したお釈迦様がとった対応はかなり現実的なものでした。

お釈迦様の死の予告は、旅の途中で悪魔によってもたらされます。悪魔とは、お釈迦様の修行を妨げようとする存在で、経典には何度も登場します。その悪魔が、お釈迦様にこうささやきます。

「もう十分だろう、お前の身体はもうボロボロだ。そろそろ死んではどうか」

それに対してお釈迦様はどう答えたのでしょう？　悪魔を説き伏せようとしたかと思いきや、答えは意外なものでした。

「そんなことはすでに知っている。諸行は無常であり、肉体はいずれ滅びるものだ。老病死は誰にも避けられないことだ。魔王よ、私は三カ月後に真理の世界へ至るとしよう」

こうしてお釈迦様は、ご自身の死を受け入れたのです。

自分で自分のことに気づく

なぜお釈迦様は自分の死を受け入れることができたのでしょう？　お釈迦様は万能だから死なんて怖くないのだろう、と単純化せずに考えてみましょう。

人はいろいろと悩みを抱えます。仕事のことなのか、恋愛のことなのか、悩みは人それぞれでしょう。また、その悩みに対し、どのように対応するのか、それも人それぞれだと思います。

しかし、本当に悩みを解消したいのなら、大事なことは、その悩みをしっかり見つめることです。どんな悩みであるにせよ、真正面から見つめ、その現実を受け入れることが大事なのです。

実は、悪魔から死の誘いがくる前から、お釈迦様は自分の寿命があとわずかだということを実感する出来事を経験していました。

最後の旅の途中、お釈迦様と従者のアーナンダは、ペールヴァ村という場所に滞在しておりました。ちょうどインドは雨期に入るころ。この時期には、三カ月にわたって土砂降りの雨が降り続けます。雨のなかで道を歩けば、虫などの生命を殺してしまうかもしれません。そのためお釈迦様たちは、雨安居《うあんご》といって雨期が去るまで旅を中断していたわけです。

この雨安居の最中のことです。お釈迦様は、命にかかわる重い病気になってしまいました。幸い一命はとりとめたのですが、当然、お釈迦様はご自身の寿命が短いことを、身をもって実感したはずです。

経典には、お釈迦様が死ぬほどの激痛に耐えたと記されています。お釈迦様はそうした現実から逃れずに、自分自身の現状を認識しました。悪魔による死の宣告を受け入れたのは、そうした自己分析ができていたからに他なりません。

悩みに直面したとき、まずやらなければいけないのは、その原因が何かを考えることです。自分が何らかの原因で悩んでいるという現実を、まずはしっかり受け入れること。これが重要です。

冷静になって現実を見つめれば、案外「なんだ、こういうことか」と気づくでしょうし、また「自分の考えはただの現実逃避だった」と気づくこともあるでしょう。自分を甘やかさずに客観視してみてください。そうすれば、何がいけなかったか気づくこともあるでしょう。その「気づき」が大事なのです。

ここで言う気づきとは、自分が直面している現実を受け入れることに他なりません。身の回りの環境や自分自身を知ること、それが現実を受け入れることであり、悩みへの耐性をつける第一歩です。

悩み事から目を背け、「どうしよう、どうしたらいいんだ……」などと言っていては、何も始まりません。悩みを直視し、何がいけないのかを冷静に眺め、その事実をまずは並べ出してそれを受け入れること。それが第一にやるべきことなのです。

お釈迦様が、もうあと三カ月で寿命が尽きるのだ、という事実を受け入れたのは、生きる希望がないからという消極的な理由ではありません。

どんなものでも老い、病に罹り、死に至る……それは生物ならば逃れることのできない現実です。その現実を真正面から見つめて受け入れ、自分がやれることをやる。

実際、お釈迦様はペールヴァ村で病が癒えたのち、元気を出して病苦に耐え、説くべきことを説こうと決意します。自分の死期を覚ったうえで、何ができるのかを考え行動に移そうとしたわけです。そんな現実主義的な視点を持っていたからこそ、お釈迦様は精神的に苦しむことなく死を受け入れることができたのです。

奇跡は期待しない

さて、何に悩んでいるのか、悩みの原因は何なのか、悩みだしたときに自分に起きたことは何なのか、客観的に自分の悩みを考察した結果、いろいろな事実が出てくるはずです。上司が嫌いなのだとか、人見知りして人間関係がうまく築けないのだとか、さまざまな悩みの元がわかってくると思います。元がわかれば、その対処方法も見えてくるでしょう。どうすればいいか、ということがわかると思います。

しかし、注意すべきなのは、非現実的な対処法では意味がないということです。当たり前のように思うかもしれませんが、現実的な対処法を見つけられない人は、意外と多いのです。

人間には、できることとできないことがあります。

学校の成績が下位の者がいきなりトップに立つなんてことは、滅多にありません。新人営業マンがいきなり大きな取引を成立させるなんてことも、ほとんどあり得ないでしょう。大金星というのは奇跡的なことであり、求めてなんとかなるものではありません。

お釈迦様ですら、肉体的な死を逃れることはありませんでした。歩くのもやっとの御老体が、神通力で若返った……なんてことはないのです。

悩みの元がわかったからといって、その悩みが一気に解決することは、まず不可能なことです。奇跡はいくら期待しても起こりません。

お経のなかには奇跡的なエピソードが数多く載っていますが、それは事実ではなく、教えを説くための方便です。自分が置かれた環境を変えたい方は、そうした奇跡だけでなく、このエピソードは何を言いたいのか、という点を考えてみましょう。

そして、悩みへの対処方法を考える際は、現実を都合よく無視した奇跡的な方法は必ず排除してください。せっかく悩みの元を客観的に探ったのですから、あくまでも現実的な思考を捨てないようにしてください。

悩みへの対処法

できることを怠らずに実行する

ならば、悩みに対してどう対処すればいいのでしょうか？　それは、簡単なことです。

「できることを怠らず実行する」

それだけです。

拍子抜けするかもしれませんが、この単純明快なことを、お釈迦様は最後まで弟子たちに説きました。

「汝ら怠ることなかれ、放逸することなかれ」

（決してさぼったりしないで怠らず勤めなさい）

と。それをお釈迦様自らが示しています。

『涅槃経』には、高齢であるにもかかわらず、ひたすら旅を続けるお釈迦様の姿が描かれています。お釈迦様は、周囲の弟子たちが止めても、ただひたすら布教の旅を続けます。それが自分の責務であるから、また旅を続け、教えを説くことだけが、自分にできることだから……と、弱った身体を引きずってでも旅をやめることはしませんでした。最後の地、クシナガラで大涅槃に入る（＝亡くなる）まで、布教の旅を続けたのです。いや、大涅槃に入る寸前まで、教えを説いたのです。

お釈迦様が、沙羅樹《さらじゅ》のそばで横たわっていたときのことです。そこにスバッダというバラモンが教えを聞きたいとやってきました。当然、侍者のアーナンダは「教えを聞くのは無理です」とスバッダがお釈迦様のもとに行くことを拒否します。

しかし、お釈迦様はアーナンダを叱り、スバッダを通すように言います。そして、横たわりながらもスバッダに教えを説いたのです。スバッダは、お釈迦様の最後の弟子となりました。

死に至るまで、自分にできることを怠らず、淡々と実行していくお釈迦様の姿にこそ、悩みを解決するコツがあるのだと思います。つまりそれは、

「自分に今できることを怠らず実行する」

ということなのです。

いきなり高度なことをやろうとしても、それは無理なのです。繰り返しますが、悩みへの対処法の第一歩は、まずは自分ができることは何なのだろうか、と考えることです。悩み事に対して、いきなり解決を望んではいけません。解決の糸口を見つけ、できることからやっていく必要があるのです。

自分ができることを見つけるには

では、どうすれば解決の糸口を見つけることができるのでしょうか？

それは、今の自分は何ができるか、自分の武器はいったい何なのか、それをよく考えることから始まります。武器といっても、現実離れしたものではありません。自分ができることをコツコツと怠らず、続けること、これが自分の武器になります。現実を受け入れる方法と重複しますが、大事なことなので、もう少し詳しく見ていきましょう。

たとえば、嫌いな上司であってもただ嫌悪するのではなく、なぜ嫌いになったかを考えます。大げさに考える必要はありません。小さなことを列挙してみましょう。すると、いろいろな原因が出てくるはずです。小うるさい、よく怒る、細かいことを注意してくるなど、客観的に事実だけを並べます。

次に、それに対して、どうすればいいかを考えます。そして、その際に何ができるのかを同時に考えるのです。

注意された原因、怒られた原因などが自分のミスならば、ミスの無いようにすることが、今の自分にできることでしょう。怠らず、ミスがないように努力することが悩みへの対処法になります。

もし、その上司が生理的に受け付けないのだ、相性が単に悪いのだ、特に注意されたわけでもなく怒られたわけでもなく単に嫌いなのだ、という場合でも、やり方は同じです。自分にできることは何だろうか、と考えることが大事なのです。具体的な対処法としては、なるべく付き合わないこと、部署の配置転換を願い出ること、嫌いだということを極力意識しないで割り切ること……などが挙げられるでしょう。よくよく考えれば他にも出てくるかもしれません。

恋愛がうまくいかない、結婚になかなか至らない場合も、その原因を客観的に並べ、それに対して自分は何ができるかということを冷静に考えることから、解決の糸口は見つかるはずです。

人見知りしやすいのなら、それを直す努力をするのか、あるいは開き直って「人見知りしやすいので」と初めから宣言するのか。高望みをしているなら、高望みをせず現実に合わせるようにするのか。いずれにせよ、奇跡的なことを期待しないで、現実に自分ができることを見つけ、それを続けることが大事なのです。

成績がなかなか上がらない学生でも、同じです。どこが悪いのか、なぜ成績が上がらないのかをよく考え、それに対してコツコツ努力し続けることこそが、成績向上につながるのです。できることを怠らずやる、それが悩みへの対処法なのです。

いきなりトップを目指さない

どんな場合でも、人間はできることしかできません。もちろん、さらに上を目指し、向上心を持って努力することは大切です。しかし、その際もいきなり高望みをするべきではありません。繰り返しますが、一気に上に立てるものではないのです。

たまに相談に来られる方で「経営者になりたいです」という若者がいますが、いきなり経営者にはなれません。そこに至るまでには、アイディアや努力が必要です。才能があって若くして経営者になる方もいますが、自分も同じことができるとは限りません。冷静に自己を省みて、事実や現実を受け入れて、できることから始めれば、いずれは経営者になれるかもしれません。

いずれの場合も、言いたいことは同じです。できることを怠らず実践する。それはつまり、まずは現実を直視し、自分には何ができるのだろうかと次の手を考え、一歩ずつ行動に移すということ。誰もが少しずつ、コツコツと自分ができる努力を積み重ねたうえで、やっと完成に至るのです。継続は力なり、といいますが、結局、悩みへの耐性をつけるには、怠けずできることを続ける必要があるのです。

一度覚ってブッダとなったお釈迦様ですら、そこで行動を終えようとはしませんでした。ひたすら教えを説く旅を続けて人のために尽くし、その先に大涅槃という真理そのものになるという究極の覚りを得たのです。

仏教では、お釈迦様は大涅槃によって肉体がある状態では得られない、究極の覚りに至ったと考えます。さらなる高みに至るまで、教えを説くという自分にできることを決して怠ることなくコツコツ続けたのです。覚りを得ない凡人が努力を怠り、さぼってばかりいれば、悩みが増えるのは当然のことなのです。

自分にできることは何か、自分の武器は何か、自分のアピールポイントは何かといったことをよく考え、それぞれの悩みに対して、自分ができることを怠らず続けること。それが悩みを解決する方法なのです。

流れに身を任せる

苦しいときは流れに身を任せる

もちろん、自分にできることを怠らず続けるといっても、苦しくなることはあります。いつでも、自分の努力が実るとも限りません。また、どんな場合でも相手があってのことですから、うまくいかないこともあります。

そんなときは、一度流れに身を任せてみてはいかがでしょうか。お釈迦様の死のきっかけにまつわるエピソードは、まさに流れに任せることの重要さを示しています。ここでそれをご紹介いたしましょう。

お釈迦様が亡くなる直接のきっかけは、チュンダの食事の接待にあります。

お釈迦様が大涅槃に入ると宣言して約三カ月がたったころ、お釈迦様はパーバーという町に至ります。そこで鍛冶屋のチュンダという者から、食事の接待を受けることとなりました。接待を受けたのは、お釈迦様と数人の弟子たちです。

さまざまな料理が運ばれ、最後にキノコのスープが出されます。そのスープを見たとき、お釈迦様は言いました。

「このスープを食べることができるのは如来《にょらい》（お釈迦様のこと）だけである」

そうして、弟子たちの分もお釈迦様が食べてしまい、残ったスープは土に埋めるように指示します。弟子たちは訝しがりますが、実は、チュンダがお釈迦様に喜んでもらおうととってきたキノコには、毒が入っていたのです。

当然、毒キノコ入りのスープを食べたことでお釈迦様は食中毒を起こし、激しい嘔吐と下痢に苦しみました。その苦しみのなかでもお釈迦様は旅を続けますが、クシナガラに至ったところで、大涅槃を迎えます。

これが大乗経典版の『涅槃経』におけるお釈迦様の最期です。お釈迦様は、スープが毒キノコ入りだと知っていたのにあえて飲んだと書かれていますが、これは一種の寓話だと考えるべきでしょう。

ここで大事なのは、流れに身を任せるとどうなるか、という視点を持つことです。毒キノコのスープが食事に出た時点で「死期がやってきたんだな」とお釈迦様が覚っていたのだとしたら、どうでしょう。もし、それに逆らったとしても、別の難儀がやってくるだけなのは目に見えています。

もし、お釈迦様が毒キノコのスープが出たときに、「これは毒キノコスープだから捨てなさい」と言って、そのスープを飲まなかったらどうなっていたでしょうか？

お釈迦様の死期はすぐそばにまで来ています。毒キノコのスープはきっかけにすぎません。チュンダの厚意をむげにしたくないという思いもあったでしょう。実際、周りから責められるチュンダをお釈迦様は慰め、チュンダは悪くない、と彼を庇いました。

老齢で体力や免疫力が低下していれば、ささいなことが死につながります。毒キノコのスープを避けても、別の何かがやってくるのです。ならば、最初に出会ったものを受け入れてもいいだろう、ということです。つまり、流れに従ってしまおう、というわけですね。

自分が置かれた状況において、逆らい難い流れというものがあります。そうした場合、その流れに逆らっても、結局は同じような状況になってしまいます。そんなとき、

「あぁ、初めからやっておけばよかった」

などと悔やむことになるでしょう。結局、逆らってみたものの、行きつくところは同じだった、ということはよくあることなのです。

今、自分が置かれている状況に悩んでいた場合、それに対して打つ手がないというときは、その状況に身を任せてみるのもいいのではないでしょうか。

今やるべきことがないという場合でも、流れに身を任せ、状況が変化し始めたら、新たな打つ手が生まれるかもしれません。無理に下手な手を打って悪化させるより、流れに身を任せて大きな視点に立ちながら、自分がとるべき行動を考えてみましょう。

お釈迦様は最後まで説きました。「諸行は無常である」と。諸行無常については第二章で紹介しますが、どんなことでも常に変化しており、同じ状態はあり得ないのです。

それは、悩みという心の状態にも当てはまります。ずっと同じ悩みを抱えているということはありません。今抱えている悩みも、時が経てば状況が変わることもあるのです。本当に打つ手がない場合、流れに身を任せて状況の変化を待つことも、悩みと向き合う一つの手段ではないでしょうか。

悩みを恐れず逃げない

現実から逃げない

お釈迦様が、チュンダの毒キノコのスープを飲んだというエピソードには、もう一つの教えがあります。それは、悩みから逃げるべきではない、ということです。

もちろん、死に直面したときは無抵抗であるべきだ、と言っているのではありません。受け入れるべきことを正面から受け入れる。そこから逃げない意思を、お釈迦様は示したのです。

悩みを抱えたとき、ついついその悩みから逃げたいと思うのは、誰しも当然のことでしょう。人間は弱い生き物ですから、つらい思いをしていると、そこから逃げ出したくなるものです。

では、お釈迦様は毒キノコのスープを出されたとき、「逃げたい」と思われたでしょうか？　私はそう思いません。おそらくは、

「あぁ、ついに死のときがやってきたか」

と思ったのだと考えています。だからこそ、毒キノコのスープを飲むことができたのでしょう。お釈迦様は、逃げなかったのです。現実を受け入れ、逃げようとはしなかったわけです。

いくら現実から逃げたとしても、悩み事は解決しません。いくら逃げても死からは逃れられないように、現実にある悩み事から逃げることはできないのです。

ならば、恐れず、素直にその悩みに立ち向かうべきです。何も恐れることはないのです。現実を正面から見つめ、受け入れて、何がどうなっているのかをよくよく考えることができれば、悩みは恐れるものでもないし、逃げるべきではないことに、気づくはずです。

逃げていては何も解決しません。悩みに対し、果敢に立ち向かってみることも、大切なことなのです。

あきらめない

チュンダの毒キノコのスープを飲んで、中毒症状を起こしたあとも、お釈迦様は怠ることなく旅を続けます。その歩みは、少し進んでは休み、少し進んでは横になる、というものでした。それでもお釈迦様は、歩き続けたのです。

振り返ってみれば、35歳で覚りを得てから80歳で大涅槃に入るまでの45年間、お釈迦様は怠ることなく布教の旅を続けました。途中で投げ出すことなく、最後まで布教を続けました。晩年は、周囲が「もういいではないですか、弟子に任されては」と言う声を受け入れることもなく、布教の旅を続けたのです。それは最後まで投げ出さず、途中であきらめない、という意志の表れといえるでしょう。

どんなことでも、あきらめてしまえばそれで終わりです。仏教には「諦観《ていかん》」という言葉がありますが、これは何かを投げ出すことではなく、「あきらかにすること」という意味です。

自分がやるべきことをあきらかにし、実行していく。それを途中で投げ出せば、そのあとには何も残りません。

悩み事にしても、それを解決せずに投げ出してしまったり、逃げてしまったりすれば、その人の成長は期待できないものとなってしまいます。

無理はいけない

経典の世界を離れて世の中を見回してみれば、偉大なる功績を残した人たちは、誰もがあきらめなかった人たちである、ということがわかるでしょう。いろいろな悩みや迷い、苦しみだけでなく、課題やテーマ、成長、経済面などに関して、あきらめなかった人たちが成功を収めているのです。ときには挫折や苦しみを経験しながらも、最終的にはその現実を直視し、やるべきことをやったはずです。

それは、お釈迦様が中毒症状を起こしてでも教えを説いたという姿勢に似ていると思います。どんなに苦労があっても、どんなにつらくても、途中であきらめることなく、しつこくこだわりぬいた人たちが、成功を勝ち取っているのです。

最近では、頑張らなくてもいい、そんなに必死になってやることはない、などとよく言われます。しかし、一生の間、どのタイミングでも頑張らないで過ごせば、果たして残るものはあるのでしょうか。頑張らなくてもいい、という心地よい状態にいつも浸かっていたとして、得られるものはどれほどのものなのでしょうか。

頑張らなくてもいい、というのは、逃げているだけ、ともとられかねません。逃げているだけでは何の解決も得られないし、何も得るところはない、と言えるのではないでしょうか。

ただし、無理はいけないと思います。無理をしてまで我武者羅に働け、勉強せよ、人付き合いを続けよと言っているのではありません。

できないことをやらないことは、決して逃げるということではありません。お釈迦様も、身体をいたわりながら、前進していました。説法の最中でも、「背中が痛む、説法を代わってくれ」とよく高弟に頼むことがありました。晩年の旅は、それこそ何度も休憩をはさみながら続けた旅でした。

睡眠時間を削ってでも勉強するとか、休みを返上してでも仕事にまい進するというのは、無茶というものです。身体が動かなくなっては、元も子もありません。

また、頑張り過ぎて頭が働かなくなったなんてことでは、意味がありません。無理をせず、身体も心もいたわりながら、あきらめないように頑張ることが大切なのです。

決してあきらめることなく、悩みや苦しみに立ち向かっていけば、お釈迦様が覚りを得たように、その先には光明が見えてくるでしょう。

無理をする必要はありません。自分の限界を考えながら、自分で自分を律することができるよう、少しずつ努力すれば大丈夫です。

悩んだときに頼るべきは自分

教えを頼りにする

本章の最後に、まとめとして悩んだときに頼りにすべきものは何かを、あるエピソードを通して紹介したいと思います。

お釈迦様が亡くなってしまうということで、この先が不安になり、オロオロしてしまった弟子もいました。その代表がアーナンダです。

彼は長くお釈迦様の侍者をしていましたが、お釈迦様が最後の旅に出たときは、いまだ覚ってはいませんでした。ですので、お釈迦様がいなくなった後、どのようにして覚ればいいのか不安になったのです。

ペールヴァ村でお釈迦様が病に伏したという話を前述しましたが、その病からお釈迦様が回復されたのち、アーナンダは、横たわるお釈迦様に尋ねました。

「この先、私はいったい誰を頼りとして修行をすればいいのでしょうか」

お釈迦様は静かに答えます。

「自らを頼りとし、教えを頼りとせよ」

これが、有名な「自灯明《じとうみょう》・法灯明《ほうとうみょう》」と言われるお話です。

自分自身を灯明としなさい、法＝教えを灯明としなさい、という意味です。

お釈迦様からすれば、「今までたくさん教えを説いてきたであろう。これからは、私に頼るのではなく、教えを頼りとして、自分自身で修行をしなさい」ということを伝えたかったのでしょう。アーナンダはその教えの通り、お釈迦様入滅後、一週間ほどで覚りを得ました。お釈迦様の教えを頼りとし、自分自身で修行をしたのです。

なぜこれまでの長い間覚ることのできなかったアーナンダが、急に覚ることができたのでしょう？　それは、お釈迦様のアドバイスによって、自分を変えられるのは自分だけ、ということに、気づいたからです。

他人を頼りとしているうちは、悩みは解決しにくいものです。他人は、ヒントを与えてくれるだけの存在です。最終的には、自分自身が決断を下さなければなりません。他人がどうこうしてくれるわけではないのです。期待すれば、がっかりする羽目になることも多々あります。

今まで自分が習ってきたこと、あるいは培ってきた経験、そして周囲からのアドバイスや忠告、それらを元として、自分自身でよく考え、現実を直視して事実を受け入れ、目の前の問題に挑戦する……それが、自灯明・法灯明の説くところです。

法を仏教的な教えと捉える必要はありません。自分の経験や習ってきたことなどが、あなたの「法」です。そこに、周囲のアドバイスや忠告があれば、それもよく吟味する必要があります。そうして自分自身を頼りにして、悩みに当たっていくのです。

苦しみの元を見つける

本章の冒頭でも触れたように、悩み事は尽きることがありません。第二章でも触れますが、仏教の価値観からすれば、この世はそもそも苦の世界。苦しみがあって当然です。

また、その苦しみから逃れたいと欲するのも、当然です。ただし本当に苦しみから解放されたいのなら、苦しみから逃げるのではなく、その苦しみに立ち向かう方法を見い出すべきです。

そのためには、苦しみの元、悩みの元が何であるかをよく考察し、また現実や事実だけを取り出し、客観的に悩みや苦しみの元を見つけることが第一です。そして、苦しみの元を見つけたならば、自分の経験や学んできたことを思い出して解決に生かしましょう。

それでも足りないと思えば、経験の豊かな知識人などに相談してアドバイスをもらい、自分で怠りなく努力をすることです。

最後まであきらめず、怠りなく続けていけば、やがて悩みや苦しみに対して光明が差してくることでしょう。それを説いたのが、『涅槃経』なのです。

もちろん、お釈迦様がこうした教えに至るまでには、大変な苦労が伴いました。覚りを得たお釈迦様であっても、初めから万能だったわけではありません。人間として生まれて苦悩し、悩みのなかで生き続けました。

そこで次章では、お釈迦様がどのような悩みに直面したかを紹介したいと思います。お釈迦様は湧き出る悩みをどのように克服していったのか。順を追って見てみましょう。

第二章

ブッダが悩みを克服した方法

ブッダの悩み

お釈迦様の悩み

第一章では、『涅槃経』の教えをベースに、悩みへの基本的な対処法を考えてきました。この章では、お釈迦様が出家を決意する経緯から最期を迎えるまでの流れを追い、そこからお釈迦様がどのように覚って悩みを克服したかを探っていこうと思います。お釈迦様が覚りにまで至る経緯は、悩みの連続でした。しかしお釈迦様は、それらの悩みから逃げずに解決策を模索し続けます。その真摯な姿勢は、現代人にもきっと響くものだと思います。

子どものころの経験がトラウマになることは少なくありませんが、それはお釈迦様も同じでした。お釈迦様は、釈迦族の王子としてカピラヴァストゥに生まれましたが、このときの経験がその後の人生観に大きな影響を与えます。母親が、お釈迦様を生んでほどなくして亡くなったのです。のちにお釈迦様は、その事実——親は自分を生んだことで死んでしまった——を知り、人生とは何か、悩み始めるのです。

「自分が生まれたせいで、母親が死んでしまったのではないか」

「自分は生まれてこなかった方がよかったのではないか」

「人はなぜ死ぬのか？　死から逃れる方法はないのか」

こうして湧いてきた悩みを解決すべく、お釈迦様は出家します。そして35歳で覚りを得て、80歳で亡くなるまで、悩みを抱える人々に教えを説き続けました。

その最期の様子を記しているのが、本書で紹介している『涅槃経』というわけです。

現状を変えることを決意させた四門出遊

自分が生まれたあと間もなく母親が亡くなったことを知ったお釈迦様は、責任を感じると同時に死を恐れ続けました。農耕祭というお祭りのときには、虫が鳥に食われるのを見て恐ろしくなり、体調不良となったほど。それ以来、引きこもりがちの日々になります。

そんなころに、お釈迦様は四回外遊をします。有名な「四門出遊《しもんしゅつゆう》」の話です。

東の門にはみすぼらしい老人。

南の門を出て進めば疫病に苦しむ村。

西の門には葬儀の列。

いずれの場合も、お釈迦様はあんな姿にはなりたくないと外遊をやめ、お城に引き返します。

しかし、北の門から出たときは違いました。その先には、堂々とした仙人がいたのです。その立派な姿を見たお釈迦様は、「私は、あのようになりたい」と思いました。こうして、死の恐怖や苦しみから逃れるには、出家するしかない、と決意したのです。

しかし、ここからまた新たな苦悩が生まれました。それは「自分は王子であり、やがて釈迦族の国王になる立場であるから、出家など許されるわけがない」という悩みです。出家をするということは、国や親、妻を捨てるということです。王子でありながらそれが可能であるのか、やっていいことなのか、無責任ではないか……。お釈迦様は、一方で強く出家を望み、一方で果たして出家をしていいのか、そもそもできるのかと悩むのです。

しかも、妃は妊娠しておりました。そのことを知ったお釈迦様は、出家に対する障害＝ラーフラができたと嘆きます。その子をそのままラーフラと名付けるぐらいですから、相当思い悩んでいたのでしょう。

こうしてみると、出家前のお釈迦様には衆生を救う仏の性格は見えず、悪く言えば独善的な姿勢が目立ちます。お釈迦様といえども、中身は人間。母の死を伴って生まれたという境遇から、人生への苦悩を人一倍意識していたのかもしれません。

悩みを抱く過程というのは、端から見れば偏狭にうつってしまいがちです。しかし、それは決して悪いことではありません。問題意識を持ち、それに苦悩する。その過程がなければ、自分に合った解決策は見つからないのです。

お釈迦様がそうであったように、人間は悩みを抱えて煩悶しながら生きるものです。それをそのまま放置すれば、悩みに苦しむ日々を送ることでしょう。お釈迦様が出家を決めたのは、そうした現状をなんとか変えたい、という思いが、日に日に強くなったからなのだと思うのです。

人生は思うようにならない

悩みの根本的な原因

出家をしたい自分、出家を妨げる立場や家族。思うようにいかない、思い通りにならない自分に、お釈迦様は苦悩の日々を過ごしました。

しかし、決意は固く、29歳で国や家族、立場を捨て、城を出て出家します。おそらくは、後ろ髪を引かれる思いだったことでしょう。苦しみのなかでの出家だったと思います。

私たちの悩みに比べたら、お釈迦様の悩みは、哲学的で高尚な悩みに思えますが、根本的な原因は同じです。お釈迦様も私たちと同じように、悩み、苦しんでいました。

では、悩みの根本的な原因とはなんでしょうか？　それは、「世の中は自分の思うようにならない」ということです。

思い出してください。お釈迦様の悩みは、青年時代は「死にたくない、だけど死はやってくる」というものであり、大人になってからは「出家したい、だけど王子という立場があるしどうしよう……」というものでした。いずれも、思い通りにならないから悩んだわけです。

このお釈迦様の悩みに、共感できる方は多いのではないでしょうか。世の中は、何かと自分の思う通りにはいかないもの。ああしたい、こうしたいという、自分なりの計画、考え、希望が誰にでもあると思いますが、必ずしも自分の思う通りに進むとは限りません。

もちろん、思う通りに進むこともあるでしょう。そういうときは、人は悩まないのです。思うようにいっているときは、人は調子よく進んでいくので悩むことはありません。

ところが、何か一つでも思うようにいかなくなると、人は悩み始めるのです。

「あのとき、ああすればよかった」

「あんな人を信用しなければよかった」

「これから一体どうしようか……」

過去を振り返って悔やんでみたり、現状をどのようにしていいか迷ったり、将来を悲観して悩んでみたり……。ちょっとしたことで自分の思いと現実が異なってしまうと、人は悩み始めるのです。

そんなことは、誰でも知っているかもしれません。しかし、人は自分の思う通りにしたい、思い通りになることを望むものです。自分の思いと現実のギャップを感じると、人は悩むのです。

では、初めから「どうせ人生は思い通りにはならない」とあきらめていれば、悩むことはないのでしょうか？　それは違いますね。投げやりになって腐るのは、よくありません。「思い通りにならない」と悩むのがいいのか、「思い通りにはならない」とあきらめてしまうのがいいのか。それともお釈迦様のように家族を捨てるという大きな犠牲を払って「思い通りにする」のがいいのか。それこそ悩ましいところです。そう思うと、悩みは尽きません。

こうしてみると、この世界は思い通りにならないことがわかってきます。世界はあなたのためにあるのではありません。だからこそ、悩みや苦しみが多いのです。そもそも「この世は苦の世界である」のです。お釈迦様は、六年の苦しい修行を経て、そう覚りました。

この世は苦の世界

四苦八苦

お釈迦様は、「この世は苦の世界である」と説いています。これは、どの経典にも通じる仏教の基本的な教えです。これを「一切皆苦《いっさいかいく》」と言います。字のごとく、すべて皆、苦しんでいる、という意味です。

この世は苦の世界であるからこそ、人々は悩み苦しむ。そもそも苦の世界なのだから、悩んだり苦しんだりするのは当然だ、ということです。

仏教に初めて接する方は、この考え方を消極的だと思うかもしれません。しかし、カースト制という身分制があり、照りつける太陽と厳しい降雨に対峙しなければいけなかったインドにおいては、世界は非情で容赦のないものに映ったのでしょう。そうしたドライな世界認識のなかから、この世は苦の世界、という価値観が生まれました。

一口に苦といっても、すべて同じではありません。その苦について、お釈迦様は「この世の苦には、根源的な四つの苦しみと、生きていくうえで出会う四つの苦しみがある」と説いています。これを四苦八苦と言います。

四苦八苦という言葉は、皆さんよくご存じでしょう。しかし、「本当の四苦八苦の意味は？」と聞かれると、正しく答えられる方はどれほどいるでしょうか。

「なぜ人は悩むのか」ということを知るためには、その四苦八苦の本当の意味を知る必要があると私は思います。ですので、お釈迦様が説いた四苦八苦の本当の意味をこれからお話ししていきましょう。

まずは根源的な四つの苦しみについてです。根源的な四つの苦しみとは、「生老病死」のことです。生の苦しみ、老いる苦しみ、病の苦しみ、死の苦しみ、のことです。順を追って見ていきましょう。

・生まれることは苦しい

生の苦しみとはどういうことでしょうか？　生まれなければ楽しいこともない、と現代人は思いがちですが、この世に生まれてきたということは、この世の他の苦しみに出合わなければならない、ということです。従って、生まれてきたこと自体、苦しみになるのです。「生まれたが故に苦しみが生まれる」ということですね。

この世に生まれてこなければ、苦しい目に遭うこともなく、悩むこともありません。若いころや思春期に「こんなに悩むなら、こんなに苦しむのなら、生まれてこなければよかった」と、誰もが一度は思ったことがあるのではないでしょうか。親に対し、「なんで生んだんだ。生まれたくなかったのに」と口喧嘩をした方もいることでしょう。

先にも述べましたが、お釈迦様も生まれたことにひどく悩みました。自分が生まれたことによって母親が亡くなってしまった。なんて自分は罪深いのか、自分は生まれないほうがよかったのではないか……。

それがまさに生の苦しみです。

この世に生まれてしまったことは「苦」であり、生まれてしまった以上、他の苦しみを受けることになるのです。

・老いることは苦しい

老いる苦しみ、これはよくわかることだと思います。

人間誰しも、年をとりたくはありません。いつまでも若々しく元気でいたいものです。しかし、その思いとは裏腹に、老いは必ずやってくるものです。

お釈迦様も晩年のころ、

「この身体は、古い車が縄で縛りつけられ、強引に引っ張られて動いているようなものだ」と衰えた身体を表現しています。

また、よく説法の途中で「背中が痛むので説法を代わって欲しい」と弟子のシャーリプトラなどに頼むことがありました。『涅槃経』でも、老いて歩くのもつらそうなお釈迦様の姿が説かれています。

老いることはつらいことなのです。誰しも年を取れば、近くが見えなくなり、ちょっとした段差で躓き、階段の昇りがきつくなり、身体のあちこちにガタがきて、いくら寝ても疲れが取れなくなるものです。おまけに物忘れが激しくなります。日々、肉体は衰え、老いていくものなのです。

アンチエイジングをしてみても、お金がかかるだけで一向に若返らない。いや、一時的には若返るのだけど、ちょっと油断をすると元の木阿弥……。なんとも悩ましいものです。

最近では、高齢ドライバーによる事故が増えています。悲惨な事故もあります。多くは、アクセルとブレーキの踏み間違いが原因なのですが、それにすら気がつかないで事故を起こしてしまうケースもあります。年を取れば判断力も鈍くなりますし、身体が瞬時に思うように動かなくなることも増えます。思い通りに身体も頭も働かなくなってくるのです。

このように、人は必ず老いますが、我々はその老いに逆らいたいのです。老いたくない、でも日に日に老いてしまう……。思い通りにならない老いに対し、深く悩み苦しむのです。

・病に罹ることは苦しい

病が苦しみであることも、誰もが理解し実感していることでしょう。病気知らずの健康な身体が羨ましいと思う方は、多いのではないでしょうか。

ですが、多くの方が、一度は病気に罹《かか》るものです。軽い病気ならば心配の必要はないでしょうが、これが大きな病気となると、不安にさいなまれることになります。入院しなければいけない、その間の仕事はどうなるのか、家庭は大丈夫か、入院費用はどうだろうか、本当に治るのだろうか、手術後の治療はどうなるのか……。悩みは尽きません。

そうした経験は、誰のもとにもやってくる可能性があるのです。病気にならないという保証は、一つもありません。

お釈迦様は、幼いころから胃腸が弱かったそうです。一章で病気の激痛に耐えるお釈迦様の姿を紹介しましたが、仏陀となってからも、お釈迦様が下痢をして寝込むというエピソードがよくあります。病気が苦しみであることは、幼いころから晩年に至るまで、よくわかっていたのです。

翻って現代では、日本人の二人に一人がガンであると言われています。寿命が延びた一方、身体に不調をきたす機会も増えていき、脳の病気や心臓などの内臓の病気など、さまざまな病気に罹る可能性が誰にでもあります。

高齢者ほどではないものの、若い方でも心疾患になりますし、クモ膜下出血もあります。子供のころから病気を抱えている方もいることでしょう。人は、病気から完全に解放されることはないのです。普段は忘れていますが、大きな病気に苦しむ可能性が、誰にでも平等にあるのです。

・死ぬことは苦しい

そして、四つの苦しみの最後が「死」です。人は生まれた以上、必ず死にます。人でなくてもそうです。動物も植物も、生あるものは必ず死を迎えます。これは絶対に逃れられない決まり事で、死なない生き物はありません。

生物だけではありません。この世にあるものは、すべて「死」に向かっています。「死」といってわかりにくければ、「滅び」と考えてください。生き物だけでなく、建物や車など、身の回りの物質も滅んでいきます。スカイツリーでも、高速道路でも、何であっても存在するすべてのものは滅び、つまりは死へと向かっているのです。

スケールをもっと大きく考えてみましょう。物理学の研究というのはすごいもので、長い年月をかけて宇宙そのものも滅びることがわかっているようです。つまり、すべての物体は、誕生した瞬間に死に向かっているということ。それはどんな人もモノも逃れることはできません。それこそが、『涅槃経』で最も説かれていることです。

『涅槃経』では、お釈迦様と魔王マーラとの対話で、生あるものは必ず死ぬということを説いています。マーラはお釈迦様に死を迫ります。

「もう十分だろう、弟子は育ったし、教えも広まった。さぁ、早く死を迎えるがいい」

「マーラよ、生あるものは必ず消滅する。汝に言われなくても、そんなことは十分に承知している。見よ、この老いぼれた身体を。寿命が尽きることなど誰にも止められないのだ」

当然、お釈迦様は覚っているので死の恐怖を乗り越えています。ですので、平然とマーラを退けます。しかし、まだ覚っていない弟子たちや在家の人たちにとっては、それは悲しくつらいことでした。死は、それを迎える本人だけでなく、その人を慕う人々や家族を悲しませ、苦しめることもあるのです。しかしそれでも、死を避けることなど誰にもできないのです。

世の中には、不老不死を求める人が、はるか昔から多く存在しています。時の権力者、大富豪などが、不老不死の薬や方法を求めて世界を探し回りました。現代では、ロボット工学を使い、身体を機械にすることで不老不死に近付こうとする人たちがいます。そうまでして生きたいのか、と私などは思いますが、大富豪や権力者たちは、いつまでも我が世の春を楽しみたいのでしょう。たとえ、肉体が機械になったとしても……。

しかし、過去、誰も不老不死になった者はいません。皆、死を迎えました。それでも長い生を求めるのは、つまるところ、死を迎えることが恐怖だからなのでしょう。

死とは、先がわからない、自分の知らない世界、未知の世界へ飛び込むのですから、不安で恐ろしいものです。できれば死後の世界へは行きたくはありません。死への恐怖、不安、そこから逃れたいという欲求。死は、まさに苦しみの元なのです。

生老病死以外の苦しみ

さらなる苦しみ

ただ、世の中にはあえて死を選ぶ方もいます。死ぬ方がまだましだと思えるくらいの苦しみを味わうと、人は死を選んでしまいます。煩わしい悩みや苦しみから逃れたいがために、自殺するのです。

こうした死よりももっと苦しいこと、悩ましいことは、生老病死以外が原因で生まれてきます。生老病死は、人間の根源的な苦しみで、誰もが平等に経験する苦しみですが、別の苦しみもあるのです。

それは誰にでも平等にやってくる苦しみではありません。その苦しみを味わう人もいれば、それが苦しみだと思えない人もいます。人それぞれによって、どのように感じるか、差異が生じる苦しみです。とはいえ、多くの者がその苦しみを経験しますし、悩むことでしょう。その苦しみは四つある、とお釈迦様は説きます。その四つの苦しみとは、愛別離《あいべつり》苦《く》・怨憎会苦《おんぞうえく》・求不得苦《ぐふとくく》・五蘊盛苦《ごうんじょうく》のことです。それぞれ、どんな苦しみなのか詳しくお話いたしましょう。

・愛別離苦

愛別離苦とは、「愛する人と別れることは苦しみである」という意味です。先ほど、死は苦しみである、と述べました。これは、死を受ける側からの苦しみです。しかし、愛別離苦は死を受ける側の苦しみではなく、残された側の苦しみのことを意味しています。

愛する人との別れは、つらく悲しいものです。しかし、出会いがあれば必ず別れはやってくるもので、わかっていることであるとはいえ、やはり別れは悲しくつらいものです。頭ではわかっていても、気持ちがついていかないのですね。

初期の『涅槃経』は、まさに愛別離苦を説いていると言ってもよいでしょう。偉大なる指導者であったお釈迦様が亡くなるシーンを説いた『涅槃経』では、お釈迦様との別れを悲しむ弟子のアーナンダの様子が説かれています。

アーナンダは、お釈迦様の侍者でした。片時も離れず、お釈迦様の世話をしていました。

あるとき、お釈迦様がアーナンダに「間もなく我は涅槃に入る（死ぬ）」と告げます。

アーナンダは、ショックを受け「どうか死なないでください」と懇願するのですが、お釈迦様は「何度も言ったではないか。すべては無常であり、生あるものは必ず死すると」と、きつく叱咤します。

アーナンダは、悲しみに耐えるのですが、その後もしばしば、お釈迦様が横たわるそばで、あるいは少し離れて、お釈迦様との別れのつらさのために泣くのです。そして、そのたびにお釈迦様は「泣くのをやめよ、哀しんではならぬ」と叱咤するのです。

アーナンダは、長くお釈迦様の侍者を勤めました。しかし、覚りを得ることはできませんでした。アーナンダが覚ったのは、お釈迦様が亡くなられた後のことです。ですから、お釈迦様の弟子といえども、アーナンダの心境は一般の人々に近いものだったのです。

最近は、ペットレス症候群という病気もあります。愛するペットに死なれて生きる気力を失くしてしまう人もいるということです。自分の親が亡くなったときはそれほど落ち込まなかったのに、ペットが亡くなったときにはショックが大きく落ち込んでしまったという方も、少なくありません。これも愛別離苦です。

また、長年愛用していた物や蒐集していたコレクションなどを処分しなければいけなくなったとき、誰もがそれを手放すのが惜しいと思うでしょう。何とか手元に置けないだろうかと思い悩むこともあるでしょうし、手放したあとも、いつまでも気になってしまうかもしれません。

別れはつらいものです。それが愛する人であれ、愛するペットであれ、愛する物であれ、自分から離れて行くということは、程度の差はあるとはいえ、受け入れがたいものです。別れたくはないという思いに反しているので、つらく悲しく寂しくなるのでしょう。こうした悲しみに、深く迷ってしまう人は多いのです。

最近は、亡くなった人がそばにいてほしいと願ったり、いつでもそばにいるよと亡くなった人が言ったりする内容の本や映画がよく出ています。それほど、人は愛する人やペット、物と別れることに迷い悩み、苦しむのです。

・怨憎会苦

怨憎会苦とは「嫌な相手、嫌いな相手、苦手な人、憎たらしい人などと会うことは苦しみである」という意味です。

生きていくうえで、誰もが苦手な人や嫌いな人に出会うことでしょう。どこにでも嫌な人間はいるものです。『涅槃経』にはこんなエピソードも載っています。

お釈迦様が亡くなって、多くの人々が悲しみに打ちひしがれていたときのことでした。

「何をそんなに悲しんでいるんだ。これであれはするな、これはしてはいけない、ああしろ、こうしろとうるさくいう人がいなくなったじゃないか。これからは自由に修行すればいいのだ」

と言った弟子がいたのです。場の空気を読めない、身勝手な嫌な弟子ですね。

お釈迦様が指導した弟子ですら、このような者がいました。それならば、一般社会において嫌な人間がたくさんいても、おかしくありません。

こうした嫌な人間、苦手な人間、嫌いな人に、私たちは出会わなければいけません。それは赤の他人だけでなく、親や兄弟姉妹であったり、学校の先生であったり、会社の上司、友人や近所の人だったりすることもあるのです。

関係性によって、苦しみや悩みの度合いは異なるでしょう。しかし、周囲に嫌な人、嫌いな人、苦手な人がいるということは、とてもつらいことなのです。そういう相手に出会うと、相手を恨んだり、憎んだりしてしまいます。どうにか目の前から消えてくれないかな、などと望んだりもします。そして、そう思う自分を嫌う自分もいたりして、悩みは深くなっていくのです。

さらに、怨憎会苦を広く解釈すれば、苦手な仕事や勉強に出会うという苦しみも含まれてきます。何も出会う相手は、人に限ったことではありません。苦手な仕事、嫌な仕事、嫌な勉強、苦手な勉強、ということもあります。

こうした苦手な仕事や勉強、嫌な仕事や勉強に出会ってしまうと、仕事も勉強もはかどりません。周囲や上司からは、「出来が悪い、無能」と見られることもあるでしょうし、余計に苦手意識が強くなり、悩みは増大してしまいます。

近所づきあいにしても、家が近いだけで毎日誰かと顔を合わせるのがきついという方は、少なくないようです。それが気の合わない相手であれば、ストレスがたまって気が滅入ることもあるでしょう。

このように、嫌な相手、嫌いな相手、苦手な人、鬱陶しい人、憎たらしい人と出会う苦しみは、生きていくうえでついて回ることです。さらには、嫌な仕事や勉強、苦手な仕事や勉強があるということも、生きていくうえで避けられないことでしょう。こうしたことに人は悩み、苦しむのです。

・求不得苦

求不得苦とは「欲しいもの、望むものが手に入らないことは苦しみである」という意味です。これには「望んだ状態・状況にならないときの苦しみ」も含まれます。

欲しいものがあって、それが手に入らない場合、人はそう簡単にあきらめきれるものではありません。何とかして手に入れたい、と思い悩むものです。似たようなもので済まそうにも、あとで本物が欲しくなったり、そもそも満足できなかったりと、悔しい思いをしたり、イライラしたりすることになります。こんな小さな出来事であっても、悩みの元となるわけです。

それに、欲しいものが人であったり、地位や名誉であったりすると、悩みは一層深くなります。特に、年を重ねて自分を振り返ったとき、地位や名誉を求めて、いろいろと周旋する人がいますが、簡単には叶いません。むしろ、お金を積んでも徒労に終わることも多いため、自分は何をしていたんだとむなしくなることもあるでしょう。

手に入れたい対象が人である場合、それは恋愛であり、結婚となるのですが、好きな相手と結ばれないというのは、大変つらいものがあります。

お釈迦様のもとに、裕福なある遊女が相談に来たことがありました。彼女は言います。

「私にも好きな男性がいるのですが、どうすればいいのかわかりません。仕事をやめるわけにもいかないし、かといって、その男性と結ばれたいし……」

これに対してお釈迦様の答えは、厳しいようですが単純明快でした。

「この世は、手に入れたいと望んでも手に入らないものがあるのだ。それを理解せよ」

恋愛の場合、相手の意思もありますし、自分の立場や環境なども関わってきますから、いくらその相手を欲しいと望んでも、簡単に手に入るとは限りません。そういう場面に出会うと、人は思い悩み、苦しむのです。そして、その悩みがこじれすぎてしまうと、ストーカーとなってしまう場合もあります。

最近では、結婚したいけどできない人たちも増えています。いくら婚活に励んでも、いい相手に出会えなかったり、相手にされなかったり、なかなかうまくいかないこともあるようです。こうなると、結婚できないのではないだろうかと不安ばかりが先行し、悩み苦しむことになるでしょう。これこそまさに、手に入らない悩みや苦しみです。

お釈迦様のお弟子さんであるシャーリプトラやモッガラーナは、教団で教えを受けてほどなく、お釈迦様の両脇に座ることができました。お釈迦様の両脇に座るということは、大変名誉なことです。その名誉を前からいる弟子たちを差し置いて、シャーリプトラとモッガラーナは手に入れたのです。

しかし、面白くないのは先輩にあたる弟子たちです。彼らはシャーリプトラやモッガラーナにつらく当たったり、妬んだりもしました。お釈迦様に直接「なぜあの二人が他の先輩の弟子を差し置いて、お釈迦様の両脇に座るのか」と問いただした弟子もいました。

お釈迦様は「彼ら二人が最も優秀だから」という当然の答えを出すのですが、それに納得がいかない弟子もいたのです。

自分の方が長年修行をしているのに……、自分の方が彼らよりも優秀なのに……と思い、シャーリプトラやモッガラーナを妬んだ弟子たちは、自分が出し抜かれた、恥をかかされたなどと、悩み苦しんだことでしょう。

欲しいものが手に入らない、望んだ状態や状況にならない、そうしたことは日常によくあることであり、そのことで日々我々は悩まされるのです。

・五蘊盛苦

五蘊とは、次の五つのことを指します。

色《しき》
受《じゅ》
想《そう》
行《ぎょう》
識《しき》

仏教では、この五つの要素が人間を構成していると考えます。

簡単に言えば、色は肉体を含めたすべての物質のことで、その他の四つは感覚に関係することです。受は感受性のことで、いろいろなことを感じることですね。想は想うこと、行は行いで、識は意識のことです。

たとえば、花があったとします。その花は物質ですので、「色」となります。

その花を見て「きれいだ」と感じることが「受」です。

そしてその花を「家に飾ったらどうだろうか」などと考えを巡らせることが「想」。

実際にその花を摘んで持って帰り、花瓶にさす行為が「行」です。

最後の識は「花」が「花である」と認識することになります。

つまり、

花を見て（色）、

それが「花である」と意識すること（識）によって、

美しいと感じたり（受）、

家に飾ったらどうだろうかと考えたり（想）、

持って帰ったり（行）する、
これが人間であると定義したのです。
この色受想行識の五蘊があることにより、

見る行い（眼）
聞く行い（耳）
匂いを嗅ぐ行い（鼻）
味わう行い（舌）
接触する行い（身）
そうしたことを意識したり感じたりする（意）

という行為が生まれるのです。

その五蘊が、なぜだかわからないけれども、妙にカッカしたり、燃え上がったり、興奮したりして、うまくコントロールできない状態になり、苦しんでしまうことを、五蘊盛苦と言います。

難しく思うかもしれませんが、簡単に言えば、精神と肉体や欲求がアンバランスになり、どうしようもなくなった状態のことです。

「あんなことを言わなければよかった。なぜ言ってしまったんだろう」と悩んだことはありませんか？　そのとき妙にカッカしてしまい、言わなくてもいいことまで言ってしまったという人は、多いと思います。言ってはいけないとわかっているのに、そのときの勢いなのか、怒りなのか、あるいは理由なくなのか、つい口走って相手を傷つけてしまい、そのあとで言ったことを悔やみ悩む。よく聞く話ですよね。それが五蘊盛苦です。

五蘊のバランスが崩れてそれがこじれると、多くの場合、病気になりやすくなります。五蘊がアンバランスになると、妙なイライラや不安感、焦りなどに悩み、苦しむことになります。あるいは、愛別離苦や怨憎会苦、求不得苦にあって、悩み苦しんだ末に、心のバランスを崩し鬱になってしまった、という場合もあります。

抑えきれない性的欲求が湧いてきて、家で悶々としてしまうこともあるでしょう。それがさらに高じれば、欲求を抑えきれずに痴漢などの性犯罪に走ってしまうということもあります。また、お金があるのに、いつの間にか万引きをしてしまった、ということもあります。

このように、精神が行動を抑制できなくなった状態に陥ることを、仏教では五蘊盛苦の状態だと説くのです。

仏教では特に自分を抑制する、コントロールすることが修行の中心でした。しかし、これはなかなか難しく、特に若い男性は、湧き出てくる性的欲求に苦しんだそうです。

ある若い弟子などは、お釈迦様に自慰行為を注意され、自ら男性器を切ってしまいました。この極端な行動に、お釈迦様は嘆き悲しんだそうです。

また、尼僧教団ができてからは、男性の修行者のなかには、尼僧の様子を覗きに行ったり、ちょっかいをかけに行ったりする者がいたそうです。そうした、抑えがたい欲求が精神を超えてしまい、あらぬ行動をしてしまうというのは、その行動をする前もした後も、悩み苦しむことでしょう。五蘊盛苦も苦しみや悩みの原因の一つなのです。

悩みへの耐性をつける

悩む人・悩まない人

先述したように、四苦八苦のうち初めの四苦――生老病死苦――は、すべての人に共通する苦しみです。これは、すべての人に対し、平等にやってきます。

しかし、誰もが老いに悩み、病に苦しみ、死の恐怖を感じるかと言えば、そうでもありません。老いを楽しみ、病でも頑張ろうと明るく生きる人もいますし、死を受け入れる人もいます。そして、生まれたことがよかったと感謝する人もいます。感じ方は、人それぞれなのです。

同様に、あとの四苦――愛別離苦・怨憎会苦・求不得苦・五蘊盛苦――も、それを苦と思わない人もいます。

愛する人と別れても「仕方がないでしょ」と簡単に受け入れられる人もいれば、いつまでも悲しみのなかに沈む人もいます。同じように嫌な相手と会っても「嫌なヤツだけど、まあ仕方がないか」と流せる人もいれば、いつまでも思い悩む人もいますし、欲しい物や人、地位や名誉が手に入らなくても、すぐにあきらめられる人もいれば、いつまでもこだわり続け、悩む人もいます。精神と体のバランスを崩しやすい人もいれば、うまく抑制できる人もいますし、そもそもアンバランスになりにくいという人もいます。

いったいなぜでしょうか？　それは悩みや苦しみが、不平等なものだからです。つまり、四苦八苦は、平等に人にやってくるものなのですが、それに対しての感じ方は、人それぞれで不平等なのです。ですから、悩む人・悩まない人の差が出てくるのです。

真の悩みの原因とは

四苦八苦は平等にやってくるのに、それに対し悩む人・悩まない人の差が生まれます。

それはなぜなのでしょうか？

人は、四苦八苦に反した思いを持ちやすいものです。

老いたくない、病気になりたくない、死にたくない、こんな苦しみを受けるなら生まれてこなければよかった……。

例を挙げるときりがありませんが、この苦しみは何だと悶々としてしまい、ついつい四苦八苦という現実に逆らおうとするのです。その逆らいたい、という思いが強い人ほど、悩みや苦しみは大きくなると言えるでしょう。それは、「こだわりが強い」と言い換えることができます。

こだわりが強いと聞くと、あまりいいイメージを持たないかもしれませんが、実は、お釈迦様はまさにその「こだわりが強い」人でした。

老いたくない、病気になりたくない、死にたくないということに、強くこだわり続けたのが、お釈迦様です。こだわり続けたからこそ、苦悩の青春を送り、そしてその苦しみから逃げたい、その苦しみを何とかしたい、とこだわり続けたからこそ、王子の座を捨て、家族を捨て、国を捨てて修行の道に入ったのです。

もうおわかりでしょう。苦しみや悩みの真の原因は、「強くこだわる」ことにあるのです。こだわらなければ、悩むことはありません。

老いは仕方がない。

病気になるのは仕方がない。

死ぬのは仕方がない。

別れることもある。

大事なものを手放すこともある。

嫌なヤツもいるし、嫌な仕事もあるし、苦手なこともある。

欲しいものも手に入らないこともあるし、好きな人と結ばれないこともある。

イライラすることもあるし、カッカすることもある。

それもこれも、この苦しみの世に生まれてきたからには仕方がないことだ。

こんな風に初めからあきらめてしまっていれば、悩むことはグッと少なくなるでしょう。

こだわることはいいこと

しかし、そんなことは可能なのでしょうか?

人はそう簡単にはあきらめきれない生き物です。ついついこだわってしまい、簡単になんでもあきらめることはできません。

そもそも、「こだわり」は悪いことなのでしょうか？　もし、お釈迦様が、老病死の苦しみから逃れたいとこだわらなかったら……。そう、仏教は、この世に存在しなかったでしょう。つまり、お釈迦様が、老病死の苦しみから逃れたいとこだわり続け、悩み続けたからこそ、仏教が誕生したのです。お釈迦様が初めから「そんなこと仕方がないじゃないか」とあきらめていたならば、お釈迦様は覚ることもなく、仏陀となることもなかったのです。

そのように考えると、案外「こだわり」を持ち続けることも、いいことなのかもしれません。むしろ、老病死の苦しみから逃れたいとこだわり続けたお釈迦様の姿に、悩みを克服するヒントがあると言えるのではないでしょうか。

四苦八苦という言葉やその内容を知っていても、自分自身がそれを実感していなければそれは借り物の思考に過ぎません。この世は苦しみの世だという仏教の価値観を自分のなかで咀嚼して、現実を受け入れる。なぜこのような世界なのだろうと考え、こだわるという過程を経なければ、本当の意味で悩みへの耐性をつけることはできません。

実践する前から何もかもを捨て去るのは、仏教的には間違っています。繰り返しますが、まずは自分で考え、現実をありのまま受け入れること。これが悩みを克服するうえでは重要です。お釈迦様の教えは現代を生きるうえでも大いに参考になりますが、それでも最終的に問題と向き合うのは自分自身。この事実を忘れないようにしてください。

さて、ここまでは、お釈迦様の最後の姿を通してお釈迦様が何にこだわり、その結果どうなったか、その「こだわり」についてを考えてきました。

次章では、お釈迦様が説いた教えのうち『涅槃経』でも繰り返し述べられている諸行無常をテーマにして、悩みへの耐性をつける考え方を紹介します。他の経典でも触れられる仏教思想の核となる部分なので、ぜひ読み進めてください。

その他にも、諸行無常に関連して、悩みへの耐性をつけるために役立つお釈迦様の教えを紹介していきたいと思います。

本章で紹介したように、悩みを克服するためには、自分で自分を変えなければなりません。そのためには、自分や世の中を前向きに捉える必要があると思います。

仏教思想は一見消極的に思えるかもしれませんが、一方で、悩める人を救う積極的な面が非常に強い宗教でもあります。そんな仏教観を、次章以降では紹介したいと思います。

第三章
自己改革の助けになる仏の教え

未来は決まっていない

すべては変化する

『涅槃経』には初期経典の『涅槃経』と大乗経典の『涅槃経』があると、前に述べました。その両経典に共通している最も大事なことは、「諸行無常《しょぎょうむじょう》」ということです。「悩みへの向き合い方」を身につけるうえで、欠かせない考え方です。

「諸行無常」とは、「この世のすべての現象や存在は、常に変化している」ということを意味しています。数ある仏教思想のなかでも、特に有名なものですね。初期経典では、主に「生あるものは必ず死する」ということを中心に「諸行無常」を説いていますが、大乗経典になると、先ほどの意味に解釈されていきます。

そう、世の中は絶えず変化しているのです。

たとえば、誰もが使えるパソコンが登場して、社会の仕事の在り方が変わってきました。いまや、インターネットで誰もが世界と通じることができる世の中です。さらにはスマートフォンの普及によって、パソコンで作業する以上に、安易で手軽に情報を得られるようにもなりました。平成に入ってからでも、世の中は急速に変化しています。その陰で、無くなっていくものも多々あることでしょう。

このように、世の中は絶えず変化しています。新たに誕生することもあれば、滅んでいってしまうものもあるのです。同じ状態が絶えず続くことはないのです。

それと同様に、自分の周りの状況や環境も絶えず変化しています。あなた自身のことを振り返ってみてください。数年前と今はまったく同じ状態でしょうか？　あなたの周りにいる顔ぶれや仕事、友人や人間関係は変わらずにいるでしょうか？　まったく同じであるということはないはずです。変化の大きさは人それぞれ異なりますが、何かが必ず変わっているはずです。

問題は、どのように変化したかです。自分にとって都合のいい方に変化していれば、悩みや苦しみはなくなるでしょう。しかし、自分にとって都合の悪い方へ変化してしまうこともあります。そうなると、悩みや苦しみは増大してしまいます。そんなときは、なぜ自分ばかりがこんな目に遭うのだろうと嫌になっても、おかしくありません。

しかし注意すべきなのは、それはあくまでも過程であって、結果ではないということ。また再び何か変化が起きるのです。

喜びであれ怒りであれ、その感情が永遠に続くことはなく、絶えず変化します。それは、仏教では心自体を状態として捉えるからです。

同じように、悩みも一時的な状態に過ぎません。刻一刻と変化は起きています。その変化を、よく観察してみましょう。どこが変化したのか、何が変わったのか。その変化がわかれば、それに合わせて自分も変化していくことができるのです。

自分も変化できる

変化に逆らうことは、苦しいことです。すべては変化していく、これは逃げようのない事実です。それなのに、自分だけが頑固に変化を拒み、流れに逆らうようになれば、孤立してしまうのは当然でしょう。

自分自身だって、刻一刻と変わっていくのです。ならば、その自分の変化を自分の周りの環境や状況にあわせて変化させればいいのではないでしょうか。つまり、順応するということです。第一章で流れに身を任せることが問題の解決につながることがある、と書きましたが、それが問題の解決策となるのは、すべてが変化するという原則があるからにほかなりません。

誰もが、自分の意見や思いを抱いています。その自分の意見や思いが周囲と異なった場合、やりにくいのは確かです。自分はこう思うのに、周囲からそれは違う、と言われれば自分の意見を引っ込めざるを得なくなります。

しかし、それが変化です。自分の意見を下げ、周囲に合わせるようにする、それは自分が変化したことになるのです。その変化をせず、頑固に自分の意見に固執すれば、周囲との関係もギクシャクしてしまうでしょう。不服ながらも変化を受け入れれば、周囲との関係を保つことができます。

現実的に考えて、選択肢が他になければ、よりよい選択肢を選ぶべきではないでしょうか。周囲にあわせて変化することも、大事なのです。世の中のすべてのことが変化しているならば、自分だって変化しているのです。自分も変わることができますし、変わった方がいいときもあるのです。

不定—未来は決まっていない

周囲の意見に合わせた後も、変化は必ず起きています。はじめは調子がよかったとしても、途中でうまくいかなくなり、自分が引っ込めた意見の方がよくなる場合だってあるのです。未来がどのように変化していくかはわかりません。

人は、いろいろな情報や資料、経験などから先のことを考察し、予測しますが、未来は決まっているわけではありません。予測はあくまでも予測であって、決定事項ではありません。このことを仏教では「不定《ふじょう》」と言います。

予測や予定が外れると、人は不平不満を口にします。あるいは、予定通りに事が進まないために悩みを抱えてしまうこともあるでしょう。

しかし、諸行無常の価値観からすれば、すべては変化しており、未来は決定していないのですから、予定が外れても仕方がないことです。そういうこともある、と想定していないといけないわけです。

ところが人間は意外と頑固でして、予定が外れると、

「これだけやったのになぜ結果が出ないのか」

「自分は人一倍努力したのになぜあいつが」

といって風に悔やんだり怒ったり悩んだりするのです。

しかし、不定という価値観をもとに考えれば、はっきり言ってこうした悩みは無駄なことだと思います。

そもそも日本人は、頑張れば報われるということを、心のどこかで信じているようです。それは、よいことをすればよい報いが来る、悪いことをすれば悪い報いが来る、という仏教の「善因善果・悪因悪果」の考えと、根は同じでしょう。

案外年配の方だけでなく、若い方でも「罰が当たる」などと言います。誰に教えられたわけでもないのに、自然とそのような考えをしてしまうのが、我々日本人なのでしょう。古くからの習慣が身についているのです。

しかし、努力しても報われないことは、現実的にはよくあることです。悪いことをして

も罰が当たらないことはありますし、人助けをしても、感謝されないこともあります。それを誰もがわかっていながら、人は「こんなに努力したのになぜ報われないのか」と悩むのです。

こうした悩みの連鎖から抜け出すには、未来は決まっていないということを、心のなかで何度も唱えて刷り込むことに限ります。変に期待をせず、そのうち因果が巡ってくると余裕を持てるようになれば、悩みへの耐性はかなりついていると言えるでしょう。

努力は実るのか

業の報いは不定

もちろん、未来が決まっていないからと言って、努力は決して無駄にはなりません。目に見えなくても自分自身の行いは蓄積されていき、いつかは報いを受けるからです。

仏教では、人の活動を次の三種類に分けます。

身体で行うこと（身《しん》）
口で行うこと（口《く》）
心で行うこと（意《い》）

この身口意《しんくい》の働きを「身口意の業《ごう》」と言います。

さらに身口意の業には、善悪があります。つまり、身口意の業には、善業・悪業がある、ということです。

仏教では、この身口意の善業・悪業は、目に見えないけど蓄積されていくと説きます。常にあるわけではないけれども、自然となくなるわけではない。いつか報いがやってくる。そう説くわけです。

善業がどんどん蓄積されてくれれば、やがてよい報い=幸運がやってきます。同じように、悪業もどんどん蓄積されれば、そのうちに悪い報い=罰がやってきます。これは、誰もがなんとなく知っていることですね。仏教の基本的な教えでもあります。

しかし、繰り返しますが『涅槃経』ではその報い――善業の報いにしろ、悪業の報いにしろ――がいつやってくるかはわからないと説いています。

なぜなら、未来は不定であり、先はわからないからです。生きているうちに報いが来るかもしれませんし、すぐにやってくることもあるかもしれません。

あるいは、なかなか報いが来ないで、そのまま亡くなってしまう……つまり、生きているうちに報いが来ないこともあるかもしれません。報いは善きにつけ悪しきにつけ、いつ来るかわかりません。

こう先が見えないと、人は不安を感じてさらなる悩みを抱くかもしれません。実際、「あの人はあんなにサボっているのに出世していく。私はこんなに努力しているのに報われない」と思ったことがある方も、いるのではないでしょうか。会社内でのことだけでなく、学校の成績やスポーツの成績などもそうですね。そうなると、「私はこれだけ頑張っているのに」という悩みや苦しみが生まれてしまいます。人は周囲と比較して悩むのです。

果報を得るには努力が不可欠

しかし、『涅槃経』では、「果報は確かにある」と説いています。繰り返しになりますが、その努力の果報がいつ来るかわからないだけです。

「いつ来るかわからない果報なんてあてにならない。ならば、頑張っても仕方がない」と、あきらめるのは早計でしょう。それは、間違った考え方です。なぜならば、努力しなければ、何も果報はないのですから。

現代は、結果がすぐに求められる社会です。仕事だけでなく私生活においても、それは同じです。通信技術の発達で世界中の人々と瞬時につながれるようになった一方、利便性の高い環境は、人間に待つことを忘れさせました。

果報もすぐにきてほしい。そう願うのも無理はありませんが、願ったところでどうしようもないことがあるのも事実です。叶うかわからない希望に期待するよりも、現実を受け入れたほうが気は楽になるはずです。

それに、努力の結果が期待したものとは違っていたとしても、または結果がなかなかやってこなかったとしても、努力したという経験は残ります。頑張ったという経験は残るのです。その経験はすぐには役に立たないかもしれませんが、努力は自信につながります。その自信は果報となって後々役に立つことでしょう。

頑張ったことがない者は、「頑張るという経験」がありません。ですから、頑張った結果、何らかの果報があるということを知りません。それは、とても損をしていることだと思いませんか？

結果を残した者は皆、何らかの努力をしていますが、頑張らない者は結果を残すことはできませんし、仮に運よく結果が出たとしても、努力した者と同じような達成感を味わうことはできないのです。

「あのとき、努力していてよかった。今ごろになって役に立つとは」と思うことは、誰でもあるのではないでしょうか。

逆に「あのとき、もっと頑張ってやっておけばよかった」と嘆くこともよくある話です。努力という原因があってはじめて結果を得ることができます。頑張ることは、必ず一つの果報を生み、善なる報いを得る手段なのです。

悪業の報い

一方で、悪いことをしたとしても、その報いがこないということは、往々にしてあります。「あいつ、あんなにワルなのに、うまくやっているな」と思われている人もいることでしょう。ズルいことや悪巧みをしているのに、スルスルと上手く生きていく人もいます。

「世の中、要領よく生きていくのが賢いやり方だ」などと嘯いている嫌な人も、周りにいるのではないでしょうか？　そういう人たちを見ると、「悪業の報いなんてないのではないか、罰は当たらないのではないか」と思ってしまいます。

しかし、悪いことをしている人の生活すべてを、他人は知っているわけではありません。私生活は荒れているかもしれませんし、どこかで何らかの不幸に見舞われているかもしれません。他人にはそれがわからないだけです。悪業の報いは、その人自身しかわからないこともあるのです。

また、善行の場合と同じく、すぐに報いがやってくるわけでもありません。いずれにせよ、善業の報い・果報があるように、悪業の報いも必ずあるのです。ですから、他人の悪業など気にしないほうがいいのです。

他人と比較したところで、自分にいい報いがくるわけではありません。むしろ、他人は他人と割り切ってしまったほうが余計な悩みを抱えずに済みます。そのような切り替えが、賢い考え方なのです。

失敗してもやり直せる

日常での悪業—アジャセ王の改心

では、自分が悪業をしてしまった場合は、どうすればいいのでしょうか？　身口意での悪業は、日常でもちょっと油断していると、つい犯してしまうことがあるものです。

たとえば、身で行う悪業といえば、不倫やイジメ、窃盗、暴力行為が挙げられます。

口での悪業は、悪口やウソ、言葉の暴力、二枚舌など。

意（心）での悪業には、嫉妬や妬み、蔑み、恨み、憎しみなどがあるでしょう。

こうした悪業をついついやってしまい、自己嫌悪に陥ることもよくあることです。悪口を言ったり、あらぬ噂を立てたりして思い悩む方もいると思います。過去にイジメたことをいつまでも悔やんで、心に重荷を背負って生活をしている人もいるでしょう。このようなことは、日常でもよく聞く話ですし、私のもとに相談に来る方もいます。

また、小さなことならまだしも、ことが大きくなったり、他人を傷つけてしまったりすることもあるでしょう。そういう人は、何か不運に見舞われると、「あのときの報いかも」と、さらに恐怖におびえることもあるでしょう。その悪循環に陥れば、悩みは深くなる一方です。

このような、過去に犯してしまった悪業に悩む人が救われることはないのでしょうか？そんなことはありません。『涅槃経』には、悪業を犯した者でも救いがあると説かれています。

お釈迦様がいらした当時のインドは、マガダ国とコーサラ国という二大国が支配しておりました。そのうちのマガダ国であった話です。

マガダ国の王はビンビサーラと言い、お釈迦様の友人でもあり、名君と称されておりました。ビンビサーラ王には子に恵まれないという悩みがありましたが、やがて王子アジャセが生まれます。しかし、成長したアジャセ王子に、ビンビサーラ王は幽閉されてしまうのです。

王子がそのような暴挙に出た理由は諸説ありますが、父親に疎んじられていたことがどうやら大きく影響を与えたようです。また、父親があなたを殺そうとしている、と耳打ちする者がいて、王子の猜疑心は強くなっていました。そうして恨みが募ったアジャセ王子は、父である国王を地下牢に幽閉して殺してしまうのです。

しかし、国王となったアジャセは、父王を殺したあとほどなく原因不明の高熱を発し、全身に腫物ができてしまいます。さまざまな薬を試すのですが、治るどころかさらに病状は悪化するばかりでした。

アジャセ自身、「これは普通の病気ではない。父を殺してしまった悪業の報いだ。だから誰も治すことはできない」と気づきます。そして、お釈迦様の主治医であったジーヴァカがアジャセ王の様子を見にきた際にこう告白します。

「私は罪のない父親を殺してしまった。私はかつて賢者から聞いた話がある。身口意の業が清浄でなければ地獄に落ちると。ならば、私が安穏に眠れるわけはない、必ず地獄に堕ちよう。誰か、私を救ってくれるものはいないだろうか」

ですが、そのアジャセの心からの後悔と、心から救われたいという気持ちが、影響を与えたのでしょうか。アジャセの腫物は引き、熱が下がったのです。夢心地のなかでアジャセは父親の声を聞き、お釈迦様の元へ向かうことを決意します。

そのころ、お釈迦様は大涅槃に入ろうというときでした。そんな状態のお釈迦様と、アジャセ王は対面します。お釈迦様が説いた教えは、こういうものでした。

心から懺悔《さんげ》（仏教では「ざんげ」と読まずに「さんげ」と読みます）するならば、悪業の報いは軽く終わることもある、と。

なぜ悪業があるのに、報いが軽くなるのでしょうか？

それは、未来が不定だからです。つまり、悪業を犯しても、その罪を心から懺悔し、罪がなくなるよう願えば、悪業の報いも軽減される、もしくはなくなると『涅槃経』では説いているのです。

お釈迦様の教えを受けたアジャセは、心から自分の罪を認め反省し、父親以上に善政を行うことを決意します。つまり、出直す・やり直すことを誓ったのです。

実際、アジャセ王は善政を行い、マガダ国は繁栄を極めました。父親を死に追いやったアジャセすら救われ、やり直すことができたのです。仏教の価値観からすれば、たとえ悪業を犯した者であっても救われるのです。

人は変わることができる

アジャセ王の話は、私たちが失敗をしても大丈夫なのだ、ということを教えてくれています。

たとえ失敗したとしても、そこであきらめないでください。ある選択がよくない結果を導いたとしても、その結果から逃げてはいけません。結果を受け入れてよりよい方向に変えていこうとすることで、別の道が開けるはずです。

考えてみてください。悪業により必ずつらい報いを受けるとしたら、出家者が修行する必要はありません。自分の言行に悩む人が仏教の教えに頼っても、立ち直ることもできないでしょう。悪業があっても、反省して努力すれば、未来はいい方向へ変えることができる。そんな風に『涅槃経』は説いています。

間違いを犯したらどうすればいいのでしょうか？　それは、一章でも紹介したように、その間違い＝現実を素直に認め、どこがいけなかったのか、何が間違いだったのかということをよく考察してみることが第一です。次はどうすればいいのかを考え、実行していけば、立ち直ることはできるはずです。困難が伴うかもしれませんが、努力すれば人は変わることができるのです。

仕事で失敗し、上司から怒られたり注意されたりしたとします。罵倒されることもあるでしょう。その結果、自信喪失したり、会社へ行くのが嫌になったり、上司を恨んだりすることになるかもしれません。

しかし、そんなとき、ちょっと冷静になってお釈迦様の教えを思い出し、考えてみてください。失敗の原因は何だったのだろうか、と。

なかなか冷静になれないかもしれません。上司に対する憤りもあるでしょう。いろいろ言いたいことはあるでしょうが、いったんそれは横に置いておいて、「なぜ失敗したのか？」ということを考えてほしいのです。

失敗の原因が自分にはなく、他者の責任や偶然の出来事によるものならば、堂々としていればいいでしょう。自信を喪失する理由は見当たりません。

しかし失敗の原因がどう考えても自分の判断ミスや怠りなどにある場合は、対応を変えるべきです。問題を解決したければ、まずはその失敗の原因を認めることが大切です。自分が悪かったのだ、と認められなければ、次へは進めません。何もかも他人のせいにしているようでは、ダメなのです。

次につなげる思考法を身につける

もちろん、ただ自分を責めるだけではいけません。大事なのは、次につながるようポジティブに考えることです。そうして考え続けることで、人は変わっていけるのです。

自分が悪かったと認められれば、それを素直に告白するのもいいでしょう。

先ほどの例の場合、上司に素直に「ここが悪かった」と具体的に反省の弁を述べることです。気恥ずかしいものですし、上司が温かい反応を示すとは限りませんが、やってみる価値はあるでしょう。そして、「次は気をつける、このように改善していく」と思えるようになれば、立ち直ることもできますし、成長もできるのです。

この章の始めに、「すべては変化している」と述べました。諸行無常である、と。

すべてが変化しているならば、自分自身も変化しているはずです。いや、変化できるはずです。

「人は変われるのでしょうか？　性格って直せますか？」

と、質問されることがよくあります。

そんなとき、私は『涅槃経』のアジャセの話をしたり、他の経典にある罪深い者が覚った話をしたりします。どんなものであれ、変わろうと思えば変わることはできるのです。

大切なことは、変わろうと思う気持ちなのです。

自分を変えたいと思ったら

自分を変える

悩みへの耐性をつけるために自分を変えたいという人は、自己分析をしてみましょう。自分のどこがいけないのか、よく考察してみることです。大事なのは、素直さです。素直に自分のいいところ、悪いところを考える。これが懺悔です。

また、他人からその性格はよくないと指摘されているところがあれば、それは嫌なことであっても素直に認めましょう。素直に認めなければ懺悔にはなりません。

懺悔ができたら、いけないところを直すにはどうすればいいのかを考えます。「こういうところに気をつけよう、こうなるように努力しよう」ということですね。普段から気をつけていれば、次第にできるようになります。すなわち、変わっていけるのです。

ここで注意してほしいことは、焦らないことです。すぐに理想の人物に変わることなどできません。少しずつでいいのです。失敗を繰り返しながらでいいのです。

また、もう一つ大切なことは、途中で放棄しない、ということです。放棄してしまえば、それまでの努力も水の泡となり、中途半端なままで終わってしまいます。焦らず、少しずつでいいから、失敗してもいいから変えていこう、と絶えず意識していることが、重要なポイントなのです。

ルールを破ってしまったら

では、失敗が怖いという人はどうすればいいのでしょうか？　失敗したら恥ずかしい、怒られるかもしれない、そんな風に思って消極的になる人は少なくありません。

そんなときの対処法も、先ほど紹介した方法と同じで、素直になることです。一時の感情を恐れて言い逃れをするのではなく、ミスを認めるのです。

『涅槃経』では、出家者が戒律《かいりつ》を破ってしまったらどうしたらいいのかという質問に対し、「破戒をしたら懺悔すればよい。懺悔したら、罪は消えるのだ」

と説かれています。戒律を破ってしまったならば、素直に懺悔すればいいのです。

戒律については、少し説明しておいた方がいいでしょう。仏教徒にとって、戒律は日常生活において身につけるべき習慣であり、さまざまなものがあります。お釈迦様が生きた時代、仏教で特に重要だとされたのが五戒《ごかい》と呼ばれる次のもので、出家者、在家信者を問わず守らなければならない、大事なルールでした。

生き物を殺さない（不殺生戒）
盗まない（不偸盗戒《ふちゅうとうかい》）
ウソをつかない（不妄語戒《ふもうごかい》）
淫らな行為をしない（不邪淫戒《ふじゃいんかい》）
酒を飲まない（不飲酒戒《ふおんじゅかい》）

現在では、地域によって重視されない戒律もありますが、お釈迦様の時代は教団の規律を守るためにこれらが尊ばれ、もし五戒を破れば、教団から追放されることになっていたほどです。『涅槃経』でも、これらを守ることが重要だと何度か指摘されています。

しかし、人間というのは弱いもので、だめだとわかっていたとしても、欲望に負けてルールを破ることがあります。そんな人間らしさを考慮してか、『涅槃経』では、失敗者を最初から排除せずに、救いの道を示しているのです。

厳しい罰が待っていたら、それに怯えて戒律を破った事実を隠そうとするかもしれません。しかし、正直に話せば許されるとしたら、どうでしょうか。自分の過ちと真摯に向き合うことができますし、次はウソをつかないようにしようと正直になれます。

締めつけるだけでは過ちはなくなりません。次に同じ過ちを犯さないようにするにはどうすればいいか、それを自分で考えられるようになれなければ、出家者であっても覚りに至れませんし、共同体を維持するのも難しくなります。だからこそ、戒律を破った者にもチャンスを与えるべきだと読める記述が登場したのでしょう。

出家者でさえ過ちを犯すのですから、一般の人たちの場合、失敗や迷惑をかけてしまったことなどがあるならば、それを素直に懺悔しましょう。心から懺悔すれば、罪は消えるのです。それだけでなく、自分自身も変わることができるのです。

悩みへの耐性をつける修行法

中道と八正道で悩みへの耐性をつける

ここまで、自分を変えるための心構えを紹介してきましたが、次は仏道修行を通じて自分を変える方法を紹介したいと思います。修行の基本である八正道《はっしょうどう》を通じて、悩みへの耐性をつける方法を探っていきましょう。

そもそも、仏教では極端な思考を避け、「中道《ちゅうどう》」を目指すべきだと考えます。よく勘違いされますが、中道とは、真ん中を目指そうという意味ではなく、偏りのない状態のことです。お釈迦様はこれを、苦行を経験したことで覚りました。苦行も快楽も、結局は肉体への執着の裏返しに他なりません。そうした極端な考えを捨てて中道を目指そうと、お釈迦様は考えたわけです。

そこで登場するのが、八正道です。八正道とは、お釈迦様が覚りに至るために実践すべきだと説いた八つの修行方法のこと。仏教の基本的な教えで、以下の八つを指します。

正見《しょうけん》（正しい見方）
正思惟《しょうしゆい》（正しい思考）
正語《しょうご》（正しい言葉）
正業《しょうごう》（正しい行い）
正命《しょうみょう》（正しい生活）
正精進《しょうしょうじん》（正しい努力）
正念《しょうねん》（正しい自覚）
正定《しょうじょう》（正しい瞑想）

順番に見ていきましょう。

八正道とは何か？

まずは正見から正精進までの六つをみていきます。

正見＝正しい見方とは、「あるがまま」ということ、つまり、自分の感情を含まずに物事をありのままに見るということです。現実から逃げたり、自分の都合のいいように解釈しないようにするわけです。八正道の第一であり、この正見を経ることで、他の修行のレベルを高めることができるようになります。そのため、基本中の基本でありながら、非常に重要なものです。

続く正思惟＝正しい思考は、正見を生かすための大切な修行です。正しく見ることができるようになっても、それを受け入れないと何にもなりません。正しく見た後、それを素直に受け入れ改善していく。そう考えることが大切ですので、正見と正思惟はワンセットです。正見と正思惟ができるようになると、この世は常に変化している（諸行無常）、この世は苦しみが多い世界（四苦八苦）なのだということがよく理解できるようになります。

正語＝正しい言葉というのは、具体的に言い換えるとわかりやすいと思います。言い訳をしない、状況に応じた言葉遣いをする、ごまかさない、ウソや人を貶めるようなことは言わない、悪口を言わない、言うべきことはしっかりと伝える……ということです。要は、言葉に気をつけましょう、というわけです。

正業＝正しい行いは、少しイメージしにくいかもしれませんが、人間が社会で生きていくうえで求められる行動のことです。殺生をしない・暴力を振るわない、盗まない、浮気をしない・性に溺れない、というのがメインです。マナーを守った正しい行動を心がければ、身が引き締まって正見や正思惟につなげることも可能です。すぐにできなくても、やれるものからやっていけば、気の持ちようも変わるのではないでしょうか。

正命＝正しい生活も、わかりにくいかもしれません。本来は、戒律に則った生活を送ることを意味していますが、それは出家者の話。一般の方にとっては、自分のやるべきことをやって生活をする、という意味だと考えてください。学生ならば学業、社会人ならば仕事、ということですね。

自分を生かそうとせず、何もしないで日々を過ごすというのは、自分の命を正しく使っていないということです。どんな仕事でもいいので働くことが大事です。

正精進＝正しい努力は、正しい行為に対する努力をせよ、という意味です。

人間のなかには、悪いことのために努力をする者がいます。会社のお金をごまかして自分の懐に入れようと、帳簿を改ざんするために努力をする人がいます。嫌な相手を陥れるために、いろいろ作戦を練る人もいます。

正しい努力とはそうした間違った努力のことではなく、善の行為のための努力、仕事や勉強のことを指します。人のためになるボランティア活動もそうですね。

正しい思慮と正しい瞑想

残りの正念と正定は、他の修行と似ていて違いがよくわからない、という人が多いと思います。仏教的な意味をつきつめるとややこしくなるので、わかりやすいように簡単に説明しましょう。

正念＝正しい思慮とは、いわば、相手や自分を思いやる気持ちのことです。相手の立場を理解し、相手を気遣うこと、と言ってもいいでしょう。もちろん、相手の言うことを何でも聞くという意味ではありません。自分のこだわりにとらわれず、相手の意見や立場を尊重することが必要です。

これらを言い換えれば、正念は自分と相手に「気づく」ことと言えるでしょう。

では、正定＝正しい瞑想とは何なのでしょう？　瞑想とは、心を落ち着かせること、精神を集中することです。焦ったりイライラしたりしたときは、深呼吸などをして気持ちを落ち着かせることが大切です。

焦った状態で行動すれば、状況はさらに悪化してしまうことでしょう。焦る気持ち、はやる気持ちはわかりますが、まずはいったん落ち着いて冷静な判断を下せるようになるまで待つのです。

こうして正定によって精神を集中させ、正念で気づきを得れば、覚りを得ることができるというわけです。

諸行無常の世の中だからこそ

ここまでご覧いただいてお気づきかと思いますが、八正道の実践法は、これまでご紹介した悩みとの向き合い方と、基本的には同じです。現実をありのままに受け入れて、努力を続ける。これが八正道の肝であり、自分で自分を変えるための確かな方法です。

世の中が絶えず変化し、移り変わっていくように、人も絶えず変化し、移り変わっていくのです。そのなかには、自分も含まれています。未来は決まっていないのですから、途中であきらめてはいけません。未来を創っていくのは、今の自分自身なのです。

さて、続く第四章では、大乗経典版の『涅槃経』において説かれた「一切衆生悉有仏性《いっさいしゅじょうしつうぶっしょう》」という価値観をもとに、悩みを抱いてもポジティブに向き合う方法を探っていきたいと思います。日本の仏教にとって非常に大事な教えであると同時に、悩める人がポジティブに生きるためのヒントが、ここにはあります。

悩みを克服するコツは、やはり物事を肯定的に考えることにつきます。そのための核となる思想を、紹介していきましょう。

第四章 仏教的肯定感を身につける

自分の可能性を肯定する仏教観

「一切衆生悉有仏性」とは

大乗経典の『涅槃経』で、それまでの経典に説かれていない教えが、二つあります。

一つは、「一切衆生悉有仏性《いっさいしゅじょうしつうぶっしょう》」であり、もう一つは「常楽我浄《じょうらくがじょう》」です。

これは、それまでの経典には見られない画期的な教えで、悩みへの耐性をつけるのにうってつけの考え方です。本章では、自分の可能性を肯定的に捉えることのヒントとなる「一切衆生悉有仏性」についてお話いたしましょう。

皆さんは、「山川草木悉有仏性《さんかいそうもくしつうぶっしょう》」という言葉を聞いたことがあるでしょうか？　仏教に興味がある方なら、どこかで一度は耳にしたことがあるかもしれません。この言葉は『涅槃経』でお釈迦様が説かれた「一切衆生悉有仏性」をもとにしています。

お釈迦様が大涅槃に入ろうしている寸前のことです。弟子の迦葉《かしょう》（大迦葉、マハーカッサパとは別人）が、覚ってもいない弟子が「自分には仏性がある、覚ることができる」というのは教団追放の罪に当たるのではないか、という質問をお釈迦様にします。仏教ではウソをつくことを戒めており、特に覚っていない人間が覚ったとウソをつくことを波羅夷《はらい》罪《ざい》と言って、非常に重い罪だと考えていました。

それに対してお釈迦様は、それは波羅夷罪にはならないと言います。なぜでしょうか？

お釈迦様はこう続けます。

「その弟子が覚りが得られなくても、一切の衆生に仏性があることは明らかであるからだ。仏性は、持戒して修行することによって必ず見ることができる。仏性を見ることによって覚ることができるのだ」

これが、『涅槃経』に初めて「一切衆生悉有仏性」が登場するシーンであり、今までの経典には説かれていなかったことです。

「一切衆生悉有仏性」とは、「すべての生きとし生けるものには、仏性がある」という意味であり、それをさらに発展させたのが「山川草木悉有仏性」です。

生命体だけではなく、自然そのものや無機質な物質に至るまで、存在しうるものすべてに仏性がある、と説いているわけです。

これは当時の価値観からすれば画期的なことでした。なぜならそれまでの仏教では、お釈迦様の教えに従って覚りを得ても、お釈迦様と同じ境地にまでは、至ることができないと考えられていたからです。それだけお釈迦様を特別視していたというわけですね。

しかし、『涅槃経』は違います。誰でもお釈迦様と同じように覚ることができる、出家しなくてもお釈迦様の教えを守れば覚ることができる、と説いたのです。これによって人々は、努力次第でお釈迦様と同じ境地に至れるのだ、という希望を得たのです。

「仏性」は「自分の可能性」

とはいえ、現代人からすると、急に「仏性」といわれてもイメージしにくいと思います。そこで、これを「可能性」と置き換えて読んでみましょう。

「覚り」とは、難しく言えば究極の真理に至ることですが、努力によって誰でも究極の真理に至れるのなら、それは努力によって人間の可能性が広がるということ。「誰にでも覚る可能性がある」ということは、「誰でも何らかの可能性がある」と解釈できるのです。

「可能性」が広がらないのはなぜか?

誰にでも何かを成し遂げる可能性がある、と言われても、「そんな才能なんてない。可能性のある人なんて、ほんのわずかだ」と思われることでしょう。これに関しては、『涅槃経』にも説かれています。「すべての生きとし生けるものに仏性があると言っても、覚れない人もいるではないか」という問いがあるのです。もっともな問いですね。

それに対してお釈迦様は、仏性は誰にでもあることを強調します。それでも覚れない人がいるのは、汚れや欲望、煩悩などにより、仏性が埋もれてしまっているからなのです。

しかし、埋もれているということは、すくいあげれば姿を見せるということ。修行によってその仏性にこびりついている汚れや欲望を落としていけば、仏性を知ることも見ることもできるのです。

これをお釈迦様は、

「胡麻があれば油を搾り取ることができるが、その方法を知らなければ油を手に入れることはできない」

と例えています。

また、禅の問答でも、こんな話が説かれています。師が弟子に問います。

「一切衆生悉有仏性という。ならば、犬にも仏性があるのか？」

答えはさまざまでしょう。しかし、「犬に仏性はない」と答えてはいけません。『涅槃経』に「一切衆生悉有仏性」とあるのですから、「犬に仏性はない」と答えれば、『涅槃経』を否定してしまうことになります。つまり、お釈迦様の教えは間違っている、ということになってしまうわけです。

「犬にも仏性がある」という答は正解なのですが、「ではなぜ犬は覚りを得ることができないのか」と問われます。犬には言葉がないから、というのは禅では通用しません。以心伝心の世界ですからね。犬には心がない、とは言い切れません。さて、皆さんならばどう答えるでしょうか？

模範的な答えは、

「犬にも仏性はある。それはお釈迦様がそのように説いているからである。しかし、犬は自分に仏性があることを知らないし、気づいてもいない。知らない、気づいていないということは、犬に仏性がないのと等しくなる。従って、犬は覚ることができない。犬が自分にも仏性がある、と認識し、修行をすることができれば覚ることができる」

ということです。つまり、仏性があることを知らない、気づいていないから覚れないのです。人間も同じことです。自分には仏性があると知らなければ、覚りには到達できないのです。

「可能性」もこれと同じことが言えるでしょう。つまり、「自分の可能性」も埋もれている、隠れているということがあるのです。その可能性に早く気がつく人もいれば、なかなか気がつかない人もいるはずです。せっかく持っている「才能」に気づかず、一生を終えることもあるでしょう。自分の可能性に気がつかなければ、それはないこと同じことになってしまいます。可能性は仏性と同じで、簡単には表に出てきてはくれないのです。

まずは怠けず求める

怠惰により見い出されない「才能」

ところで、仏性は、汚れや欲望などで埋もれている、と説きました。汚れや欲望とは、我欲のことです。自分の思う通りにしたい、あれが欲しい、これが欲しい……など、自分を中心とした欲望に仏性は埋もれているのです。そうした我欲を、修行を通してだんだんと削り、そぎ落として仏性を顕わにするのです。そうして、覚りに向かっていくのです。

そのためには、どのようなことをすればいいのでしょうか？

『涅槃経』では、まず「覚りを求めたいという心を起こさねば何も始まらない」と説いています。簡単に言えば、「覚りたい、覚りを得たい」と思わなければいけないのです。これを「発菩提心《ほつぼだいしん》」と言います。覚りを得たいという心を起こして、初めて覚りへの修行に入ることができるのです。

では、自分の可能性はどうなのでしょうか？　可能性は、一体どこに埋もれているのでしょうか？　それは一言でいえば、「怠惰」のなかに埋もれていると言っていいでしょう。つまり、自分自身の才能は「自分自身の怠け」のなかに隠れているのです。

自分の可能性を広げるためには、まず、「可能性を広げたい、自分の得意なものを知りたい」という心を起こさねばいけません。「自分は何ができるのだろう」という心です。その探求心がないと次へは進めません。

「自分には可能性なんてない」と、もしあなたが悩んでいるとするならば、それはまだあなたが、「自分の可能性を信じる」という気持ちに至っていない、ということです。

自分のことをあきらめてはいけません。あきらめたり悩んだりする前に、まず自分を知ろうとする必要があるのです。「自分を知りたい」という気持ちを強く持てば、そのための行動ができるようになります。それは、いろいろなことに挑戦してみるということです。

「悩む前に何かに挑戦しよう」

「くよくよ悩んでいないで、とりあえずやってみよう」

こうしたチャレンジ精神を持つことが大事なのです。この気持ちが、悩みに対して強くなっていく方法でもあるのです。

たとえば、野球のセンスがあるのか、サッカーのセンスがあるのか、それは野球やサッカーをしてみなければわからないことでしょう。数学に強いのか、国語に強いのか、英語が得意なのか、それもその科目の勉強をしっかりやってみないとわからないことです。本来、学校での授業は、こうした才能を見つける場でもあるはずです。だからこそ、いろいろな科目の授業があるのです。そうした授業を通して、自分は何が得意なのか、ということを見い出すのです。

ところが、私もそうだったのですが、勉強は面倒なものです。しかも、学校の授業は、押しつけが多く、興味を削ぐことがしばしばあります。

たとえば、私は音楽が好きだったのですが、楽器の演奏は嫌いでした。音楽を聴き、感想を持ったり評論をしたりすることが好きだったのですが、学校の音楽の授業では、音楽を聴くこともあれば、歌うこともあり、楽器の演奏もあります。しかも、成績までつけられます。それが、授業をつまらなくして、子供たちの興味を削ぎ、さぼる心を生んでしまうのです。そうして、怠けにだんだんと支配され、自らの可能性を広げようという試みは奪われていくのです。

もちろん、学校の授業を通して、なかには早くに才能を見い出し、その才能を磨くために努力する方もいます。それはつまり、好きなことをやる、ということから始まり、さぼることなく、流されることなく、ひたすら努力を重ねたからこそ、才能を開花できたのです。

ダラダラと日々を過ごし、何かに挑戦することもなく、ただ流されていくような生活をしていれば、才能も顕わにはなりません。そんな状態で「自分には才能なんてない」と嘆くのは、間違っていることです。誰にでもある才能も、怠けや面倒だということで見い出されなければ意味がありません。

「自分には才能なんてない」と嘆いたり悩んだりする前に、「自分には何ができるのか」という心を持ち、いろいろなことに挑戦してみるという試みが必要なのです。

結果が出るまでには個人差がある

水面に顔を出して咲く蓮華

自分の可能性を信じて努力を重ねたとしても、大きな壁にぶつかり、そこから伸びない、ということもあります。また、途中で思うようにいかなかったり、いい結果が出なかったりすると、あきらめてしまう人も多いでしょう。

また、才能があってその能力を開花させるために努力を続けたとしても、大きく力を伸ばす人もいれば、才能はあったがここまでかと差がつくことがあります。人間の可能性にも差があるということです。

これは覚りも同じです。覚りにも差があるのです。

誰もが仏性を持っていると『涅槃経』には説かれています。しかし、その仏性を見い出して伸ばし、覚りに至るには個人差がありますし、覚りには至ったけど、その覚りには浅い覚りと深い覚りがあります。覚り自体にも差があるのです。そのことをお釈迦様は、他の経典で蓮華の花の咲き方にたとえて説いています。

「蓮華の花の咲き方には三種ある。長く茎を伸ばし、水面から伸びて大きな花を咲かせる蓮華。茎をのばしたが、水面にちょっと顔を出したところで咲く蓮華。茎が伸び切らず、水中で花を咲かせる蓮華。これと同様に、覚りにも差がある。外に向かって人々のためになる大きな覚りなのか、自分だけの小さな覚りなのか、あるいはその中間なのか。このように、個人によって覚りにも差が生じるのだ」

覚りにも差があるように、才能にも差はあります。これは、どうしようもないことです。小さいころから野球やサッカーなどのスポーツに励んできても、プロにまでなれる才能を持った人は、ごくわずか。蓮華のように水上に長く茎をのばし大きな花を咲かす人もいれば、水中で終わってしまう人や、水面そこそこで花を咲かす人もいるのです。

しかし、伸び悩んだとしても、悲観してはいけません。悩む必要もありません。なぜなら、途中でやめたとしても、そこまで努力した事実は残るからです。

途中で道を変えたとしても、頑張ることはできるのです。それは決して無駄なことではありません。努力も才能の一つだからです。

意外な才能を持っていたアーナンダ

「名選手、名監督にあらず」と昔から言われるように、スポーツの世界では、名選手がよい指導者になるとは限りません。逆に、それほどパッとしなかった選手が、指導者としてはとても優れていた、ということがあります。指導者としての新たな才能が発揮されるわけです。

同じように、お釈迦様の弟子で、お釈迦様が涅槃に入るまで従者を務めたアーナンダは、挫折を味わいながらも自分の可能性を広げました。

前述したように、アーナンダはお釈迦様がこの世にいらっしゃった間は、ついに覚りを開くことはできませんでした。覚りを開いたのは、お釈迦様が涅槃に入られて1週間後のことです。確かに覚りを得ることはできましたので、時間はかかりながらも覚りの才能は見い出すことができました。

しかし、お釈迦様がいらっしゃった間に覚れなかったアーナンダは、修行仲間からすれば覚りを得ない「ダメな弟子」でした。アーナンダ自身もそのことを悩み、お釈迦様がいなくなってから覚れるか不安だと弱音を吐いていたことは、すでに紹介したとおりです。ですが、アーナンダには別の特殊な才能がありました。それは抜群の記憶力です。お釈迦様がいつ、どこで、誰のために説いた教えであるかをすべて記憶していたのです。

今日、我々がお経を読めるのは、アーナンダの記憶力によるものです。なかなか覚りを得られず、「お釈迦様のそばにいながらどういうことだ」と周囲から思われていたアーナンダですが、実は別の優れた才能があったのです。

一つの才能を見い出し、努力し頑張っても、その才能をずっと活用できるとは限りません。しかし、才能は一つだけでなく、他の道もあるのです。それは、頑張ってきた道のすぐそばにあるかもしれませんし、全く違うことかもしれません。道はいくらでもあるのです。そうした別の道、あるいは、やってきたことに沿った道で、新しいことに挑戦することにより、別の才能を見い出すことは可能なのです。一つの才能が途中で終わってしまったからと言って、あきらめてしまってはいけないのです。

今は結果に至る過程

お釈迦様が覚りを得たのは35歳のときです。王子の座を捨てお城を出てから6年後に覚りを得たのですが、覚りたいと悩み続けたのは30年以上です。お釈迦様ですら、30年以上の長い間、悩み続けたのです。そしてその結果、覚りを得たのですが、そのときは真の覚りには至ってはいません。

真の覚りに至るのは、肉体が滅びたとき、つまりは死を迎えたときにあります。ですからお釈迦様は、覚りを得た35歳のときから亡くなる80歳まで、いわば真の覚りに向かって修行をしていた、とも言えます。

これは、誰にでも言えることだと私は思います。

一人の人間が最終的にどのような結果を残すのかは、死ぬまでわかりません。いろいろな才能を発揮したとしても、途中でさぼったり、怠けたりしては、才能を伸ばしきれないで終わってしまうこともあります。しかし、それでも、そこから別のことで復活することもできるのです。

「あのとき、さぼらずに努力していれば、もっと活躍できたのに」

「あのとき、怠けてしまったから、今は惨めだ」

と悩むことがあるならば、それは間違っています。まだ、結果は出ていないのです。最終的な結果は、死ぬまでわからないのですから。今は、結果に至る過程、修行中なのです。

もちろん、目標としていたことに挑戦し続けても、才能がないと痛感したり、今後のことは考えられないと感じるケースもあるでしょう。そんなつらい状況に置かれれば、もう自分の道はないと嘆いたり悩んだりするのも、無理はありません。

そうした人は、こう考えましょう。

「一つの才能が終わったかもしれないが、自分には別の才能があるに違いない。それを見つけよう」

簡単に価値観を変えることはできませんが、何もしなければ自分が何も変わらないことは、はっきりしています。

充電期間が必要なら、それもいいでしょう。しかし、次はどうするか、という視点は頭の片隅においてほしいのです。

皆さんも経験があると思いますが、いきなり頭を切り替えようとしても、なかなかうまくいかないものです。自分の負担になることは、なるべく避けたいと思うのが人間ですから、いざ何かに挑戦しようとすると、大きなエネルギーが必要となります。そんな苦労を味わわないよう、「自分にはまだ選択肢があるんだ」と肯定的な考えを持ち続けてほしいのです。

こうしてモチベーションを維持できれば、あとは行動に移すだけです。継続して新たな道を見つけるために、再びいろいろなことに挑戦すればいいのです。

新たなことに挑戦するのに年齢なんて関係ありません。いつでも始められるのです。今は結果に至る過程なのです。最終的な結果が出るまでには、まだ時間があるのです。その時間を無為に過ごすことなく、活動し続けることで、悩みや嘆き、苦しみを吹き飛ばすこともできるのです。

平凡は優れた能力

可能性がない人はいない

「いやいや、そんなことを言われても私には、そんな取り立てて優れた才能なんてありませんよ。私にあるのは、ただひたすら働くことだけです。平凡に生きるだけです」と、言われる方もいます。いや、多くの方が、「自分には大した才能などない」と思っているのではないでしょうか？

しかし、私は「平凡に生きる」ことは優れた才能だと思っています。なぜなら、平凡に生きるのは、とても難しいことだからです。

考えてみてください。

世間から注目されるような仕事でなくとも、長い間コツコツと働き続け、生活には困らない程度の人生を送る。

大きく出世することや波乱万丈な出来事がなくとも、異性と結婚して帰宅すると家族が出迎えてくれる。

健康に過ごして大きな病気にかからずに、老後を迎える。

こうした人生は平凡で退屈なものだと思われがちですが、実現しようとすると、意外に難しいことだと思います。なぜなら、人には欲望があるからです。

ああしたい、こうしたい、こうだったらいいのに、ああだったらいいのに。

そのようにいろいろと望み、悩むのが人間です。または、人間はジェットコースターに乗りたがったり、バンジージャンプをしたがったりするように、心のどこかで危険を望んでいる、つまり、危険に魅力を感じるところもあります。

そうした危険を求める欲望が、ちょっとでもエスカレートしたり、行き先が少しでも道を外れたりすると、とんでもないことにつながっていきます。

不倫で離婚する夫婦が増えているのも、そうした危うさにひかれているのかもしれません。下手をすると犯罪に走って誰かを傷つけ、取り返しのつかないことになる可能性だっであるのです。人はそうした危うさのなかで、生きているのです。

その危うさのなかで、下手な誘惑にのらず、道を外すこともなく平凡に生きることは、実は至難の業です。平凡に生きるということは、無理をしないということでもあるのではないでしょうか。現実を見つめ、自分のできることをやる。その結果、平凡な生活を送っているのであれば、それは何も恥じることはありません。

つまり、平凡に生きるということは、素晴らしい才能と言えるのであり、それは誇っていいことなのです。この平凡に満足することができると、それは自信につながり悩みを解消する武器となるでしょう。

「平凡のどこが悪い。立派な才能じゃないか」

平凡に生きることを大いに自慢していいのです。平凡だからと言って、悩む必要なんてないのです。

自分に言い訳せず、挑戦してみよう

もちろん、平凡でいいのだ、と頭で理解はしていても、なかなか満足するまでには至らないでしょう。やはり、心のどこかに、何かを求めてモヤモヤとしたものが残っていることはよくあります。そうした方は、とにかく何かに挑戦してみることです。趣味程度のことでいいので、新しいことにチャレンジすることをお勧めします。

年を取ってくると、「今更こんなことできるか」と引っ込み思案になってしまうことが多くなってきます。

最近では、若い世代の方たちにも、始める前から「こんなことやっても無駄だし」とか「私には無理」とあきらめてしまう空気が漂っています。「さとり世代」などと言われていますが、それは仏教的な「さとり」ではありません。

「さとり」とは、それを強く求めて、修行を続けたうえで得られるものです。つまり、「やってみないと得られないもの」です。初めから「やる気がしない、やりたくない、私には無理」などと言っているのは、「さとり」ではなく、「あきらめ」なのです。

ですから、あの「さとり世代」という言葉は本当は間違っていて、正しくは「あきらめ世代」とでも言うべきでしょう。

現在の日本は、このあきらめという価値観が年齢を問わず広がっているように感じます。若い方でも年を取った方でも、年齢を問わず、自分に言い訳をして挑戦をあきらめる方が少なからずいるのです。

「それは私には向かない」

「人と接するのは苦手で」

「いまさらそんなことを」

などなど、年をとると、いろいろと理由をつけて挑戦することに消極的になり、気づけばダラダラと過ごしてしまう方がいるのです。

また、若い方のなかには、

「失敗が怖い」

「嫌われたらどうしよう」

「恥をかきたくない」

など、挑戦する前から、傷つくことを恐れて何もせずに諦めてしまう生活を送る方がいます。もちろん、目標を立てて努力する方も大勢いますが、その反対に、ついつい自己保身に走る方もいるのです。

このように言い訳ばかりして行動に出なければ、変化がない分ピンチに陥る可能性が少ないので、気は楽かもしれませんが、自分の可能性を広げるのは難しいでしょう。

初めからあきらめていては、それこそ自分の才能を見つけることはできません。才能を見つけるためには、いろいろなことに挑戦しなければなりません。若ければ、見い出した才能を仕事に生かすこともできます。ですから、才能を見い出すのは、早ければ早いほどいいのです。

もちろん、すでに年を取ってしまった場合でも、才能を見い出すことは可能です。それを仕事に生かすことは難しいことかもしれませんが、趣味として、楽しく生きる糧として生かすことは可能だと思います。

年を取ったからと言って、何にも挑戦せず、一日中テレビばかり観て、ただダラダラと時間をやり過ごしてしまうのはもったいないことです。年寄りだから、などと言ってないで、何かに挑戦してみることは、人生を楽しむうえでも大切なのです。

先に言い訳をしてあきらめてしまうのは、もうやめましょう。

人間は失敗しなければ、自分の弱点はわかりません。自分の弱点を見つけるためにも、失敗は必要なのです。いろいろなことに挑戦して初めて才能が見つかるように、その才能も失敗を重ね、恥をかき、そうした経験を重ねて開花するものなのです。途中であきらめず、努力を重ねることで、才能はさらに飛躍するものなのです。

年を取ったから、身体が動かないから、面倒だからなどと言っていては、楽しいことなど味わえません。日々を無為に過ごすのではなく、年を取っていても何かに挑戦し、趣味を持ったり、多くの人と交流を持ったりすれば、老後も楽しく過ごせるものです。

仏教に禁欲的なイメージを抱いている方からすると、楽しく過ごすと聞くと不思議に思うかもしれません。しかし、修行のための修行になっては、救いはやってきません。修行や努力を通じて現実を肯定する価値観を育むことも、大事なのです。

難しいことを言っているわけではありません。

いろいろなことに挑戦してみること。自分にあった道を見つけ、怠けず、途中であきらめず、努力を重ねて、その才能を開花させていくのです。「一切衆生悉有仏性」という考えは、私たちにそれを教えてくれているのです。

第五章 悩みに負けない思考法

何のために生きるのか

悩みに強くなるために常楽我浄を意識する

最後に、『涅槃経』の画期的な教えである、「常楽我浄《じょうらくがじょう》」についてお話しましょう。この教えを通じて、悩みに負けずにポジティブに考える方法を、考えていきたいと思います。

『涅槃経』が説かれるまでの仏教では、

この世は常に変化し（無常）、

この世は苦の世界であり（一切皆苦）、

我というものが存在せず（無我）、

汚れた世界（不浄）である、

と説いていました。

ところが、大乗版『涅槃経』では、真実の覚りに至れば、

無常ではなく永遠であり（常）、

苦の世界ではなく安楽であり（楽）、

我が永遠に存在し（我）、

清浄なる存在（浄）になることができる、

と説いたのです。それは弟子との問答の最中に突如として説かれました。

弟子は右に挙げた無常、一切皆苦、無我、不浄というお釈迦様の教えについて述べ、これらを学び修行しない者は六道を輪廻し、眩惑されると言いました。お釈迦様の教えを理解していることを示したわけです。

するとお釈迦様は、これまでとはまったく違う意見を述べました。

「苦を楽と思い、楽を苦と思うのは顛倒《てんとう》した見方だ。無常を常と思い常を無常と思うのは顛倒した見方である。無我を我と思い、我を無我と思うのは顛倒した見方である。不浄を浄と思い、浄を不浄と思うのも顛倒した見方である」

哲学的なようで少し難しく見えますが、要はこういうことです。

苦を楽だと思うのは間違っているが、その逆に楽を苦と思うのも間違っている、その他も同じだ、という教えが説かれているわけです。

そして、弟子たちに追い打ちをかけるように、お釈迦様は説きます。大いなる涅槃に至った者は、常楽我浄を得る、と。

「大いなる涅槃」とは、「覚りを得た状態で肉体を失くしたときに至る涅槃」を意味します。つまり、ブッダとなった者が死を迎えたとき、常楽我浄に至るわけです。そしてこの境地に至ると、永遠で、安楽であり、我が存続し、清浄なる状態に至れる、ということです。

現代人からすれば、永遠に存在することができるといわれても、受け入れることは難しいでしょう。それに、なんだ、死んでからの話か、それじゃあ意味がない、と思われる方もいるかもしれません。

しかし、この教えは、現代人にとっても決して無意味なものではありません。なぜなら、現世を肯定的に生きるヒントがあるということで、日本や中国では、この教えが非常に重視されてきたからです。鎌倉新仏教の一つである曹洞宗を日本で展開した道元も、この教えを尊んで著作でたびたび言及していました。

なぜこの教えがそれほどまでに多大な影響を与えたのでしょう？　それはこれが、諸行無常の苦しみの世界にあっても、努力次第で救われることを説いているからです。

初期の仏教では、出家して修行をするという自己鍛錬を尊ぶ傾向がありました。しかし、当然ながら誰もが出家できるわけではありません。家主であれば家族を簡単に捨てることはできませんし、仕事をしていれば自分の都合だけで出家するわけにもいきません。

そんな人たちに、この世は苦しいことばかりだと言ったとして、どんな意味があるのでしょうか。覚りの境地に至っても、世の中は無常で苦しい。仮にそれが事実だったとしても、救いにはなりません。

人生を悲観的にではなく、ポジティブに生きよう。それが、常楽我浄が説いた教えです。悩みや苦しみのなかでも、自分がそれらと真摯に向き合い、問題の解決に努めれば、必ず報われる。現代人にとっても、納得できる考えではないでしょうか。

では、どのように常楽我浄を意識すればよいのでしょうか？　具体的に常楽我浄の教えを、一つずつ解説していきましょう。

「常」

「常」を意識する

今、何の不服もなく平穏無事に過ごしている方は、それがいつまでも続くことを願います。仕事や勉強が乗りに乗っている方や、好成績をあげているスポーツ選手なども、それがいつまでも続くことを望むでしょう。

しかし、世は無常です。いずれは、平穏が過ぎ去り、いろいろな問題にぶつかることでしょう。いつまでも調子のいい状態が続くとは限らないのが、この世の中です。それは紛れもない真理です。この真理からは誰も逃れることはできません。

そんな世の中において、「常」を意識することができるのかと、疑われることでしょう。もちろん、それにはコツが必要です。

常に同じ状態が続くことはありません。それは真理ですから、どうすることもできません。しかし、人はいい状態を保ちたいと望みます。実は、その望む気持ちが大事なのです。たとえば、スポーツ選手がスランプに陥ったとき、どうなるでしょうか？　普通の選手なら、焦り悩むことでしょう。しかし、経験を積んだアスリートは焦ったり悩んだりするのではなく、いい状態のときと現在の状態を比較し、修正するという努力をします。悩み続けるのではなく、修正するのです。

初めてのスランプのときは、誰もが悩むかもしれません。すごく焦ることでしょう。しかし、スランプを脱出するために努力をして、いい結果が出るようになれば、悩む必要がないということがわかるでしょう。そして、スランプと調子のいい状態を繰り返すうちに、「悩むよりも努力だ」と気づき、悩みに強くなっていくのです。

スランプにならないように意識し努力する。

スランプになったときはいい状態のときを思い出し意識し努力する。

それが「常」を意識する、ということです。つまり、いい状態のときを常に意識しその状態が続くように努力すれば、「常」を手に入れることができるのです。

「常」を維持するには

もし、いい状態を維持したいのであれば、自分自身の行動をよく律し、さらには変化することを想定して備えておく必要があります。なぜなら、そうしたいい状態を壊すのは、自分自身だったりするのです。

幸せな状態が長く続くと、人は油断しやすくなります。家族を例に考えてみましょう。「これくらいのことをしても家庭が壊れることはないだろう。今の幸せは続くだろう」と思いこんでしまうと、幸せは遠のいていきます。帰宅が遅くなったり、家庭のことをおろそかにしたり、不倫に走ったり、ギャンブルに手を出したりと、道を外すのです。

こうならないためには、いい状態のとき、幸せな状態のときを維持しようと意識し、努力することが大事なのです。これが「常」を意識するということです。

調子に乗って油断すれば、「いい状態」はスルスルと逃げていってしまいます。油断せず、甘い誘惑や怠惰の誘惑に負けず、いい状態を保ち続けようとする、それが「常」を意識することであり、それに沿った生き方をすれば、悩みの種を作ることはなくなるのです。

「いつかはこの関係も壊れるかもしれない。だからなるべくそうならないよう努力しよう。もしそうなったらと、心の準備をしておこう」
「いつかはこの仕事も行き詰まるかもしれない。だから、そうならないよう努力しよう。また、そうなったときの対処方法を考えておこう」

これが、「常」を意識することなのです。このように「常」を意識しておけば、何か突発的なトラブルが起きても、悩まずに対処できるようになるのです。つまり、悩みに強くなれるのです。「常」を意識し、それが続くことを願い、続くよう努力し準備をしておけば、悩む必要はなくなるのです。

「楽」

「楽」を意識する

私のところに相談に来られる方が、よくこのような質問をされます。

「人間は何のために生まれてきたのですか？」

仏教的に答えるならば、

「この世は修行の場です。修行をして覚りを得て、二度とこの世に生まれ変わることのないようにするために、この世に生まれてきたのです」

と言うのが正解でしょう。

しかし、出家者でもない、在家の一般の方に対してこの答えは、酷だと私は思っています。ただでさえ、悩みを抱えて相談に来ているのに、さらに修行しろ、今の苦しみを耐え忍べ、それが人生だ、などと答えるのは、正しいのかもしれませんが、問題の解決策とはなりません。落ち込んでいるとき、できもしないことを、厳しい言葉で浴びせられては、たまったものではありません。それなら死んだほうがましだ、と思う方がいても、おかしくありません。

ですから、私は「何のためにこの世に生まれて来たのか？」という質問に対しては、こう答えています。

「楽しむためです」

人生は「楽」を求めること、それが大事なのです。

この世は基本的に苦の世界です。ですから、生きていくうえでは、苦しいことの方が楽しいことよりも多いように感じます。

そんな世界で、わざわざ苦労を重ねたり苦しんだりする必要があるでしょうか？　出家修行者ならばいざ知らず、一般の人々にそれを求める必要はないと思います。

基本的に苦の世界に生きているのなら、少しでも楽しく生きなければ「人生を損している」と思いませんか。

そう説くと、じゃあ、快楽を求めてもいいのですか？　と質問をされる方もいます。自由に遊んでいいのか？　と。

私は、本人がそれでよくて、周囲の者に迷惑をかけたり、周囲の者を悲しませたり、苦しめたりしないのであれば、快楽を求めるのもいいし、遊んで暮らすのもいいと思っています。生き方は自由ですから。このルールさえ守っていれば、快楽を求めるのも、遊んで暮らすのもかまわないと思います。

ただ、これはあくまで極論で、一般人には当てはまりません。「楽」に生きるということは、怠けるという意味ではありません。つまるところ、適度に息抜きをするということなのです。息抜きの方法は人それぞれだと思いますが、私は「楽しめる趣味を持つ」ことが必要だと思っています。「何だ趣味か」とバカにしてはいけません。趣味があるかないかで、人生が楽しくなるかそうでないかが分かれるのです。

よく、仕事が趣味だ、と言う方がいますが、仕事と趣味は分けて考えるべきです。仕事はいずれなくなります。定年退職を迎えるか、はたまた心身ともに仕事についていけなくなるか……。いずれにせよ、いつかは仕事ができなくなります。

そのとき「仕事が趣味だ」と言っていた方は、どうすればいいのでしょうか？　何もやることがなくなってしまうのです。ですから、仕事ができなくなったときのためにも、何か楽しめるものを作っておくようにしましょう。

趣味はいい意味で逃げ場所になります。趣味に没頭している間は、悩みを忘れることができます。そうして流れに身を任せているうちに、自然に悩み事が解決してしまうこともあるでしょう。趣味の時間を持つことで、自分が置かれた悩ましい環境から、一度距離を置くことができるのです。

何も、高尚な趣味を持つ必要はありません。マニアックになる必要もありません。自分の好きなことをすればいいのです。スキルアップのためにと考えずにその趣味が義務にならないようにし、さぼってもいいような趣味が理想的です。趣味が義務になると、それが苦痛となってまた悩みを生んでしまいかねません。嫌なら休んでもいい、気分が乗らないなら休憩してもいい、それが趣味です。

もちろん、趣味だけにこだわる必要はありません。所詮この世は苦の世界、ならば、できるだけ楽しもうじゃないか、という生き方が、悩みに強い自分を作っていくのですから。

「我」

「我」を意識する

仏教では本来「我」はない、と説きます。しかし、大乗仏教においては、「我」を勘違いして捉える人が多いから、まずは「無我」を説いたのだと説明します。

では、人々に「我」を慎め、「無我」であることに気を向けよ、と最初に説くのはなぜなのでしょう？　それは、間違った「我」にこだわるな、という意味なのです。

他者と揉めるときは、たいていの場合は「意地の張り合い」です。相手が悪い、相手が謝らない、自分は悪くないなどと言って「我」を張るから揉めるのです。

そのような「我」——頑固さ——こそが、間違った「我」なのです。

我々が持つべき「我」は、そうした頑迷さのことではありません。本当の「我」とは「自分自身」であり、西洋的に言えば、アイデンティティーのことなのです。

私のお寺に相談に来る方で極度に悩みが強い方は、みなさん、他人の言動に左右され、揺れてしまいがちな人たちです。同じように、ついつい、自分の意見が言えず周囲の人の意見に振り回され、悩み苦しんでしまう方は、少なくないと思います。こういう方は「我」が弱いのです。自分というものを持っていない方に多いのです。

「我」を意識するとは、他人の言動に左右されない「強い自分を持つ」ということです。周囲からの「ああしたほうがいい、こうしたほうがいい」という意見に対し、はっきりと、「それもいいと思うけど、自分はこうするほうがいいと思う」と言えること。それが「我」を持つということです。

もちろん、傾聴すべき意見は積極的にとりいれるべきでしょう。しかし他人の意見というのは、多くの場合、無責任です。案外、軽いものが多く、いい加減とまでは言いませんが、真摯になっているわけではない場合が多いのです。

そんな無責任な発言に左右され、振り回されていてはいけません。そんなことでは、悩みは解決しないし、余計に悩みが増えてしまうこともあります。周囲の言葉にウロウロして迷っているうちに、ますます迷路に入ってしまうのです。

他人に左右されない「自分＝我」を持てば、自分で自分の行動を決められます。そうすれば、悩むことなどありません。悩みにも強くなっていきます。自分で自分の行動を決める、自分の責任で行動する、他人の意見には振り回されない。そう決意すれば、「我」が確立され、自分に対して信念が生まれるのです。

つまり、「我」を持つことを意識すれば、強い自分になれるのです。

何も周囲に遠慮することなどありません。大きな迷惑を周囲にかけることがないならば、強い自我――「私は私」という自分――をもって自分の意志を貫くことも大切なのです。そういう強い「我」が、悩みに対して強くなる自分を作り上げていくのです。大いに「我」を意識して、強い自分を育てていきましょう。

「浄」

「浄」を意識する

仏教では、この世は穢土《えど》、つまりは汚れた世界と説きます。穢土であるから、それに執着してはならない、と説くのです。

また、人に関しても、「汚れている」と説きます。人は肉体的にも、精神的にも汚れているのだ、だから人の身体や心に執着してはいけない、と教えるのが仏教です。

それは、弟子たちにも徹底されていた教えでした。たとえば、初期経典（雑阿含経《ぞうあごんきょう》）には、お釈迦様の弟子であったビンドーラが、コーサンビーという国のウデーナ王に人間の不浄を説いているシーンがあります。

ウデーナがビンドーラに問います。出家してまだ日も浅い若い修行僧が、なぜ性欲に打ち勝つことができるのか、と。

ビンドーラはこう答えます。

「お釈迦様は、老婦人に会ったら母と思え、若い女性に会ったら姉や妹と思え、と教えてくださるからです」

それでも国王は納得できません。母や姉、妹を思って懐かしさが湧いたり家が恋しくなったりするはずだ。そうなると、心が乱れついつい異性を求めてしまうのではないか。こんな風に問いかけるのです。

この問いに対してビンドーラが説いたのが、仏教の不浄の教えです。

「お釈迦様は、この上なく美しく見える女性の身体であっても所詮は不浄だと説きます。お釈迦様は、人間の身体は頭から足の先まで骨を中心に肉がついているだけだし、その上を皮膚という薄い膜がはっただけの存在なのだ、さらにその肉のなかには糞や尿、よだれや涙、脂に血液やたんなどの不浄なものが詰まっているにすぎないものなのだ、と説かれるのです。だからそのような不浄な存在に執着してはいけないと、お釈迦様は教えてくださいました。私たちは、その教えを理解し修めているから性的欲望に迷うことはないのです」

これがお釈迦様の教え「不浄観」（不浄を観ぜよという教え）です。現代的な感覚からすると女性に対してかなり失礼な見方ですが、不浄の対象には男性も含まれています。悪い意味ではなく、肉体そのものへのこだわりを捨てよ、という意味だと思ってください。

同じく、心に対しても、

「心は虚ろなものである。絶えず変化している。そんなあやふやなものに執着して何になるのか」

と、異性の心を求める者を戒めるのです。これが、仏教の教えでした。

しかし、『涅槃経』では、覚った者から見れば、この世はすべて「清浄である」と説きます。この「浄」を意識するようになると、どうなるでしょうか？

「すべての存在は本来、清浄である」ということは、極端な言い方をすれば「どんな罪人であっても、その人は本来、清浄である」という意味にとることができます。つまり、罪を犯した者であっても、本当は清浄なのだ、清らかなのだ、ということですね。ならば、ほんの些細な罪を犯した者や失敗をした者は、当然ながら清浄です。

人間が本来清浄ならば、進むべき道を示すことで、悪人は反省し、やり直そうとするかもしれません。そうした懺悔が見られたならば、責める必要はないのです。つまり、許すことができる、というわけです。

悩みを抱える方のなかには、やたらと自分を責める方がいます。自分は汚れている、自分はダメな人間だ、何をやってもうまくいかない、役に立たない……など、自分を責めて苦しむ方がいます。そうした方も、「自分は本来清浄である」という意識を持てば、次第に自分を許せるようになってくるのです。

どんなに失敗を繰り返しても、周囲からダメな人間だと言われても、罪はありません。罪がないならば、許すこともできるでしょう。すなわち、自分で自分を責めて悩んでいる人も、「浄」の教えを意識すれば、たとえダメな自分であったとしても、それを許すことができるようになるのです。自分を責めて悩むような状態から、脱することができるはずです。

これと同様、「浄」を意識すれば、他人に対しても「許す」ことができるようになります。なぜなら、「浄」の教えに従えば、他人も自分と同じように「本来、清浄」だからです。

他人がどんな嫌な人であっても、またそのことによって悩まされていても、嫌な人だけど、本来は清浄なのだから、と意識することができれば、その人も自分と同じなのだ、と思うことができます。自分と同じならば、「まあ、いいか」と許すこともできるでしょう。他人に対して寛容になれるのです。

この「まあ、いいか」という感覚は、非常に大事なものです。無理に抱え込まずに受け流すことができれば、悩んでも引きずらず、免疫ができてくるのです。

「浄」とはつまるところ、「自他平等」にも通じるのです。自分も他人もみんな清浄である、みんな同じなのだ、という思いです。そう思えるようになれば、他人に対して寛容になることができます。すると、心も随分と楽になるのです。「浄」を意識し、理解することにより、悩みに対して強くなることができるのです。

常楽我浄で悩まない日々を

悩みへの耐性をつけて悩みから解放される

「常楽我浄」の考え方は、今まで述べてきたように、私たちを悩みから解放してくれる考え方です。

いい状態が続くように意識し、横道にそれないよう努めて幸せな状態を目指す「常」。

仕事以外で楽しむことや場所を見つけ、日ごろのストレスを発散し、リフレッシュすることで悩みを消し去る「楽」。

「私は私」という強い信念を持ち、周囲に左右されたり振り回わされたりしない自分を得て、悩みから解放される「我」。

「自分も他人もみんな同じ」という気持ちになり、自分に対しても周囲に対しても寛容になることで、安定した心を手に入れる「浄」。

　このように「常楽我浄」を意識し、そうなるように心がけることで、悩みに強い自分が作られていくのです。特に「楽」と「我」は、取り掛かりやすい教えであり、また悩みにも強い自分を作りやすい教えです。自分自身の意志で、楽しい人生を送ろうと決意することで、悩みにくい自分を作り上げることができるのです。

「常楽我浄」を手に入れるには、まずは楽しめる趣味を自らの意志で見つける、という行動を起こすことです。周囲の誰から批判されても、自分の楽しみだからいいじゃないか、と反論できるようにするのです。

　それができれば、「楽」と「我」は手に入れたも同然でしょう。そして、その楽しい状態が、長く続くようにすれば「常」も手に入ります。

　また、趣味仲間と接して生きながら、みんな同じなんだな、と思いを持つことができれば、周囲に寛容となり「浄」を手に入れることができるでしょう。一度に「常楽我浄」を手に入れようとしてはいけません。取り掛かりやすいところから入っていけばいいのです。

このように、次第に「常楽我浄」を意識するようになれば、悩みに強い自分を作ることができるのです。

現世肯定の思考

もう少し、仏教的な意味でも常楽我浄の意義を考えてみましょう。

仏になると常楽我浄の境地に至るのに、なぜお釈迦様ははじめに無常や苦を説いたのでしょうか？　その説明として、『涅槃経』ではこんなことが書かれています。

いきなり常楽我浄を説いたとしても、煩悩によって悩める者は、それを正しく理解することはできないだろう。だからこそ、まずは煩悩を消し去るための価値観を教えたのだ、と。

仏教的な背景にこだわらずに考えてみましょう。これはつまり、「世界は苦しい」という一つの視点だけではなく、「苦しいながらも楽しいこともある」という複数の視点があることを、提示しているわけです。

苦しい、無常だという現実があるとはいえ、同時に同じ世界において、楽しいことや常住といった価値観がある。

それに気づくことができれば、現実を否定するのがおかしいことに気づくはずです。まずは現実を受け入れる。そうすれば、よりよい生活の送り方を考えられるようになるのです。現実から逃げたとしても、我々が生きる世界は変わりません。それならば、世界を見る目を変えたほうが、視野を広げることができます。これについては本書で繰り返し紹介してきたため、ここまで読んでいただいた方にはよくわかっていただけたと思います。

現実を肯定し、自分の努力によって悩みへの耐性をつける。そうした価値観は、多くの人にとってプラスになると思います。ぜひこうした仏教観を意識して、悩みに強い自分、悩まない日々を手にしましょう。もちろん、焦らず、自分のペースで行うことを忘れずに。

おわりに

悩みに強くなる考え方を『涅槃経』をもとにして、いろいろと紹介してきました。少しでも参考にしていただけると、筆者としてはうれしいです。

「言っていることはわかる、だけど実際にやるのは難しい」と思われる方もいらっしゃることでしょう。確かに、「言うは易し」ということはよくあることで、実践はなかなか難しいものです。

ですが、難しいからと言って、何もやらないでいては悩みに強くなることはできません。とりあえず、やってみようという気持ちが大切です。

自分がやりやすい方法から、まずはトライしてみよう。

そこから始まっていくものです。初めから完璧など目指さず、少しずつ、一歩一歩進んでいけばいいのです。

もちろん、たまには立ち止まってもいいでしょうし、一歩後退があってもいいと思います。焦らず、ゆっくりと、自分がとりかかりやすい方法から取り組めばいいのです。「継続は力なり」。よく言われる言葉ですが、とにかく、続けることが重要です。本書でもそれは再三書いてきましたし、お釈迦様も『涅槃経』で繰り返しで説いています。『涅槃経』には、お釈迦様の最期の姿も描かれています。弟子たちに今後の身の振り方を説いて残した言葉は、次のようなものでした。

「もろもろの事象は過ぎ去るものである。怠ることなく修行を完成させなさい」

死の直前にあっても、お釈迦様は途中であきらめず、納得できるところまでは継続することの重要性を説いたのです。

こんなことしても……などと思わず、理屈は抜きにして、実践してみてください。きっと、あなたのなかで何かが変わっていくと思います。合掌。

著者略歴

鳥沢廣栄（とりざわ・こうえい）

1961年生まれ、岐阜県出身。

理系の大学へ入学するも、４年生のはじめに退学。

その後、高野山大学文学部密教学科へ編入。

卒業後、岐阜に戻り、法恩院の住職となる。

檀家のない寺で、主に相談事、悩み事などを聞く毎日を過ごしている。

著書に『超訳　仏教の言葉』『【図解】お坊さんが教える イライラがスーッと消える方法』（彩図社）などがある。

カバー写真：mai111/Shutterstock.com

ブッダが死ぬ前に繰り返し説いた

悩みに強くなる考え方

平成30年4月18日第一刷

著　者　　鳥沢廣栄

発行人　　山田有司

発行所　　株式会社　彩図社
東京都豊島区南大塚3-24-4
ＭＴビル　〒170-0005
TEL：03-5985-8213　FAX：03-5985-8224

URL：http://www.saiz.co.jp/
Twitter：https://twitter.com/saiz_sha

印刷所　　シナノ印刷株式会社

ISBN978-4-8013-0292-1 C0095